Reiner Jungnitsch

Für den Anfang

Kleine Starthilfen für den (katholischen) Religionsunterricht in der Sekundarstufe II

Reiner Jungnitsch

Für den Anfang

Kleine Starthilfen für den (katholischen) Religionsunterricht in der Sekundarstufe II

Orientiert am Lehrplan der Berufsschule
>Katholische Religion< Hessen

BOD Norderstedt

Bibliografische Information der Deutschen Nationalbibliothek:
Die Deutsche Nationalbibliothek verzeichnet diese Publikation in
der Deutschen Nationalbibliografie; detaillierte bibliografische
Daten sind im Internet über http://dnb.dnb.de/ abrufbar.

Herstellung und Verlag:
BoD – Books on Demand, Norderstedt
ISBN 9783749486519

Inhalt

1. Was nun kommt und worum es geht

Das erfolgreiche Ende des mühevollen Lehramtsstudiums markiert zugleich den Beginn der nächsten Herausforderung, den Wechsel in die schulische Praxis. Nun soll im Religionsunterricht angewendet werden, was man in den Jahren an der Universität gelernt hat. Das kann ja nicht so schwer sein, erinnert man sich doch noch an die eigene Schulzeit, an den Unterricht und die Lehrkräfte. Und nun ist man gut gerüstet mit umfangreichen Kenntnissen über Dogmatik, Exegese, Kirchengeschichte usw.

Viele der frischgebackenen Religionslehrkräfte machen aber schon im Referendariat die Erfahrung, dass dieser Übergang von der akademischen Theorie in die unterrichtliche Praxis nicht so glatt und problemlos verläuft wie vorher erhofft. All das Gelernte will nicht so recht zu den realen Anforderungen in der Schule passen. Die Vorbereitung einer Unterrichtsstunde erfordert eine völlig andere Vorgehensweise als ein Referat im theologischen Seminar. Nun steht man vor einer konkreten Gruppe von Jugendlichen, die das eigene Interesse an religiösen Themen nicht unbedingt teilt, deren Einstellung in Sachen Religion sich sogar eher skeptisch bis ablehnend darstellt. – Auf viele der tatsächlichen Gegebenheiten des realen Schullebens und speziell des Religionsunterrichtes kann das Studium nur unzureichend vorbereiten, da sie erst „vor Ort" als Anforderung erlebbar werden.

Wie gewinnt man also die Offenheit der SchülerInnen für die Themen dieses Faches? Welche Fragen bewegen die jungen Leute wirklich – und wie lassen sie sich mit den Vorgaben des Lehrplans verbinden? Und wenn es dann an die Planung einzelner Unterrichtsthemen geht: Was gehört inhaltlich hinein, was ist der sachliche Kern und was eher nebensächlich? Was hat dieses Thema mit dem Leben der SchülerInnen zu tun und wie erreicht man den Brückenschlag? Wie steigt man motivierend in das Thema ein? Wie sollten die nächsten Schritte aussehen, damit man wirklich bei der Sache bleibt, die Lernenden zu neuen Einsichten führen und die Lernziele des Lehrplans erreichen kann? Wo findet man hilfreiche Materialien? Welche Methoden und Medien sind nützlich und für die Lerngruppe angemessen? Wie kann das Thema sinnvoll für mehrere Stunden gegliedert werden? usw. usw. – Der Lehrplan bietet zu diesen Fragen zwar eine erste Orientierung, hilfreicher wird jedoch die Unterstützung durch erfahrene Fach-KollegInnen, damit die Einübung in die neue Rolle als ReligionslehrerIn gelingen kann.

Dem Bedürfnis der Berufseinsteiger nach kurzen fachlichen und didaktischen Anleitungen will diese kleine Handreichung ein wenig entgegenkommen. Im Zentrum steht eine Auswahl von zwanzig Themen-Stichworten, die mehr oder weniger direkt so im Unterricht vorkommen können. Bei jedem Stichwort wird zunächst nach dem sachlichen Gehalt gefragt, gefolgt von einer kurzen Beschreibung der unterrichtlichen Umsetzung. Sowohl durch die zitierte als auch die zusätzlich genannte Literatur werden fachliche Quellen angezeigt. Im Anhang finden sich noch zahlreiche grafische Ergänzungen, die einen zusätzlichen Nutzen darstellen sollen zum Verständnis in der Sache und bei der Entwicklung eigener Unterrichtsideen.

Diese zwanzig Skizzierungen erheben keinen Anspruch auf Vollständigkeit. Sie wollen Starthilfen sein zur thematischen Orientierung und Impulse für die praktische Gestaltung des Religionsunterrichtes. Die Darstellungen resultieren aus langjähriger Unterrichtspraxis und sind daher primär in einer religionspädagogischen Perspektive formuliert. Sie ersparen also nicht den weiteren Blick in die philosophische, theologische und religionspädagogische Fachliteratur. Dazu dient auch die ausführliche Liste an fachlichen Publikationen.

Die Orientierung am Lehrplan der Berufsschule hat beispielhaften Charakter und ergibt sich aus dem Erfahrungsfeld des Verfassers an einer hessischen Berufsschule. Da die SchülerInnen in dieser Schulform sich nicht so grundlegend von der jugendlichen Schülerschaft anderer Bildungsgänge in der Sekundarstufe II unterscheiden, dürften die hier gebotenen Starthilfen auch den Einsteigern anderer Schularten von Nutzen sein. Jedenfalls ist das mein Wunsch und meine Hoffnung.

Reiner Jungnitsch

2. Themen-Stichworte

2.1 Abrahamitische Religionen

1. Worum es in der Sache geht

Abraham (hebräisch: *Avraham*, arabisch: *Ibrahim*) wird in Judentum, Christentum und Islam als „Vater des Glaubens" verehrt. Er sei der erste gewesen, der nur einen einzigen Gott anerkannte und dessen Weisungen folgte. Der Überlieferung nach stammte er aus Ur in Chaldäa, einem Gebiet im heutigen Irak, zog mit seiner Sippe über Haran nach Kanaan, wo er sesshaft wurde und im Alter von 125 Jahren starb. Der Koran gibt ihm als einzigem den Beinamen »der Vertraute,»der Freund Gottes« (Sure 4:125; Jakobus 2,23), das Neue Testament nennt ihn am Beginn des Stammbaumes Jesu (Mt 1,1). Im Koran wird er in 25 Suren genannt, das Alte Testament erzählt seine Geschichte im Buch Genesis (Kapitel 11-25). Die jüdische und islamische Tradition hebt neben seiner Grundlegung des monotheistischen Glaubens zwei Ereignisse besonders hervor: die Wiedererrichtung der Kaaba (die von Adam erbaut worden war, dann aber verfiel) und die viel zitierte und umstrittene Bereitschaft Abrahams, seinen Sohn zu opfern (Gen 22).

Eine weitere Episode wirkt ebenfalls bis heute nach hinsichtlich der Erbschaft des verheißenen Landes. Kurzgefasst: Da ihm bis ins hohe Alter seine Frau Sara keinen männlichen Nachkommen gebären konnte, zeugte er mit seiner ägyptischen Sklavin einen Sohn, der den Namen Ismael erhielt. Jahre später jedoch passiert das Unerwartete und Sara bringt ebenfalls einen Sohn zur Welt, Isaak. Die genealogischen Erzählungen werden später ihre Linien bis zu diesen Söhnen Abrahams zurückführen: die jüdischen Stämme sehen sich als Nachfahren Isaaks, die arabischen Völker betrachten sich als Kinder Ismaels. Wem aber gilt nun Gottes Zusage über den Besitz des Landes? *„Ich richte meinen Bund auf zwischen mir und dir und mit deinen Nachkommen nach dir, Generation um Generation, einen ewigen Bund: Für dich und deine Nachkommen nach dir werde ich Gott sein. Dir und deinen Nachkommen nach dir gebe ich das Land, in dem du als Fremder weilst, das ganze Land Kanaan zum ewigen Besitz und ich werde für sie Gott sein" (Gen 17,7f).*[1] Bekanntlich hat sich das Problem des doppelten Anspruchs spätestens mit der Gründung des Staates Israel 1948 dramatisch verschärft und dauert unvermindert an.

Doch unser Blick richtet sich an dieser Stelle mehr auf die drei Religionen, die ohne diesen „Vater aller Glaubenden" nicht denkbar sind. Was verbindet und was trennt die verschiedenen Glaubenswege? Wie positionieren sie sich jeweils zu den beiden anderen? Was können sie auch voneinander lernen? usw.

Diese und weitere Fragen markieren das Feld des interreligiösen Lernens, einem Bereich der Religionspädagogik, der erst in den letzten Jahrzehnten vermehrt in den Focus religiösen Lehrens und Lernens gekommen ist. Jegliche religiöse Bildung muss sich heute angesichts von Globalisierung, digitaler Vernetzung und Ökonomisierung interreligiös generieren. *„Christsein bedeutet, mitten unter Angehörigen verschiedener Kulturen und Religionen zu leben. Deshalb muss sich heute eine Religion vor dem Hintergrund der Nachbarreligionen konturieren. Ihr Profil zeigt sich im Kontext der Weltreligionen sowohl in Konvergenz als auch in Divergenz (Unterscheidung) zu anderen religiösen Systemen."*[2]

Interreligiöses Lernen meint allgemein eine dialogische, wechselseitige und reflexive Begegnung zwischen den Angehörigen verschiedener Religionen. Sie ereignet sich vor allem in direkten, personalen, intersubjektiven Begegnungen sowie durch mediale Wahrnehmungen. Das Ziel besteht darin, diesen Menschen anderer Glaubenswege *„respektvoll zu begegnen, Toleranz zu üben, ihre Religion als sinnstiftendes Ganzes zu verstehen und mit der eigenen Religion, die mehr oder weniger bewusst ist und unterschiedlich praktiziert wird, in Beziehung zu setzen"*.[3]

Für ein wirklich offenes und fruchtbares Gespräch der Religionen hat Karl Kardinal Lehmann bereits 2002 ein paar notwenige Bedingungen genannt. Die Dialogpartner müssen dazu
- sich gegenseitig grundsätzlich als Ebenbürtige unter Ebenbürtigen akzeptieren;
- schlüssig darlegen, warum es Religionen gibt und warum Religionen dem Menschen dienlich sind;
- sich immer auch im praktischen Handeln zum Wohle der Menschen bewähren,
- sich selbst auf das Auseinanderfallen von Anspruch und Wirklichkeit hin kritisch überprüfen.[4]

Der amerikanische Theologe Leonard Swidler konkretisiert diese Dialog-Voraussetzungen noch. Nach ihm ist es unverzichtbar, dass in diesem Gespräch „- nicht die eigenen Ideale mit der Praxis des Dialogpartners verglichen werden, sondern die eigenen Ideale mit den Idealen des Dialogpartners, die eigene Praxis mit der Praxis des Dialogpartners.
- Jeder Teilnehmer muss den Dialog ohne unveränderliche Annahmen in Hinblick auf Meinungsverschiedenheiten beginnen.
- Jeder Teilnehmer muss versuchen, die Religion oder Ideologie des anderen von ‚innen heraus' zu erfahren.
- Dialog kann nur auf der Basis gegenseitigen Vertrauens stattfinden."[5]

Diesen Idealen ist leicht zuzustimmen. Die auftretenden Schwierigkeiten liegen oft nicht nur in den Detailfragen oder bei den realen Vertretern der Gesprächsrunde, sondern in den traditionellen Positionen über das Verhältnis zu den fremden Religionen.[6] Das Judentum beansprucht keine exklusive Heilslehre und hat von daher auch nie bei anderen Völkern missioniert. Die Menschen anderer Glaubensrichtungen haben prinzipiell Anteil am göttlichen Heil, wenn sie bestimmte moralische Grundregeln einhalten. Laut dem Talmud hat Gott es mit Absicht so gefügt, dass es verschiedene Wege zu ihm gibt. So beteiligen sich heute Vertreter des Judentums am interreligiösen Dialog, bevorzugen jedoch eher die praktische Zusammenarbeit vor Ort, da nach ihrer Überzeugung das verantwortungsvolle Handeln wichtiger ist als der intellektuelle Austausch über den letztlich doch unbegreiflichen Gott.

Der Islam betrachtet Judentum und Christentum als Vorläufer der eigenen Religion. Diese anderen „Leute der Schrift" hätten jedoch die Offenbarungen Gottes im Laufe der Zeit verwässert und verfälscht, weshalb Mohammed als neuer und letzter Prophet gesandt worden sei, um den abrahamitischen Ein-Gott-Glauben zu erneuern. Trotzdem gelten die Glaubenswege von Juden und Christen weiterhin als mögliche Wege zu Gott (Sure 2,136). Der Islam sei freilich der bessere Weg zum Heil. Im interreligiösen Gespräch soll ein Muslim durch ein bestmögliches Vorbild bestehen. Zudem ist jede Form von Zwang und Gewalt zwecks Verbreitung des Islams verboten.

Was die christliche Seite angeht, so ist insbesondere der Wandel der Katholischen Kirche in ihrer Haltung zu den anderen Religionen bemerkenswert. Die über viele Jahrhunderte geltende Position drückt sich beispielhaft aus in dem folgenden Katechismus-Zitat des Petrus Canisius von 1555: *„Frage 1.) Wer darf Christ genannt werden? – (Antwort) Der, der die heilsame Lehre Jesu Christi, des wahren Gottes und Menschen, in seiner Kirche bekennt. Der ebenso alle Kulte und Sekten, die außerhalb der Lehre und der Kirche Christi überall bei den Völkern gefunden werden wie z. B. die jüdische, die muslimische und diese als häretisch verurteilt und ganz und gar verabscheut, der ist wirklich ein Christ und ruht fest in der Lehre Christi".[7]*

Diese Lehrmeinung überdauerte bis ins 20. Jahrhundert. Erst das Zweite Vatikanische Konzil vollzog eine „kopernikanische Wende". In der „Erklärung über das Verhältnis der Kirche zu den nichtchristlichen Religionen" (Nostra aetate) kommt es erstmals zu einer positiven Wertung anderer Glaubensrichtungen: *Von den ältesten Zeiten bis zu unseren Tagen findet sich bei den verschiedenen Völkern eine gewisse Wahrnehmung jener verborgenen Macht, die dem Lauf der Welt und den Ereignissen des menschlichen Lebens gegenwärtig ist, und nicht selten findet sich auch die Anerkenntnis einer höchsten Gottheit. (...) Die katholische Kirche lehnt nichts von alledem ab, was in diesen Religionen wahr und heilig ist. Mit aufrichtigem Ernst betrachtet sie jene Handlungs- und Lebensweisen, jene Vorschriften und Lehren, die zwar in manchem von dem* abweichen, was sie selber für wahr hält und lehrt, doch nicht selten einen Strahl jener Wahrheit erkennen lassen, die alle Menschen erleuchtet. (…) Deshalb mahnt sie ihre Söhne, daß sie mit Klugheit und Liebe, durch Gespräch und Zusammenarbeit mit den Bekennern anderer Religionen sowie durch ihr Zeugnis des christlichen Glaubens und Lebens jene geistlichen und sittlichen Güter und auch die sozial-kulturellen Werte, die sich bei ihnen finden, anerkennen, wahren und fördern." (NA, Nr. 2)[8]

„Mit Hochachtung" blickt das Konzil auch auf die Muslime: „Sie mühen sich, auch seinen verborgenen Ratschlüssen sich mit ganzer Seele zu unterwerfen, so wie Abraham sich Gott unterworfen hat, auf den der islamische Glaube sich gerne beruft. Jesus, den sie allerdings nicht als Gott anerkennen, verehren sie doch als Propheten, und sie ehren seine jungfräuliche Mutter Maria, die sie bisweilen auch in Frömmigkeit anrufen." Angesichts einer höchst leidvollen Beziehungsgeschichte (Kreuzzüge) mahnt das Dokument, „das Vergangene beiseite zu lassen, sich aufrichtig um gegenseitiges Verstehen zu bemühen und gemeinsam einzutreten für Schutz und Förderung der sozialen Gerechtigkeit, der sittlichen Güter und nicht zuletzt des Friedens und der Freiheit für alle Menschen." (NA, Nr. 3)

Nicht weniger wohlwollend wird der älteren Geschwister im Judentum gedacht. So anerkennt die Kirche, „daß nach dem Heilsgeheimnis Gottes die Anfänge ihres Glaubens und ihrer Erwählung sich schon bei den Patriarchen, bei Moses und den Propheten finden. Sie bekennt, daß alle Christgläubigen als Söhne Abrahams dem Glauben nach in der Berufung dieses Patriarchen eingeschlossen sind und daß in dem Auszug des erwählten Volkes aus dem Lande der Knechtschaft das Heil der Kirche geheimnisvoll vorgebildet ist. Deshalb kann die Kirche auch nicht vergessen, daß sie durch jenes Volk, mit dem Gott aus unsagbarem Erbarmen den Alten Bund geschlossen hat, die Offenbarung des Alten Testamentes empfing." (NA, Nr. 4)

Der Wert dieses Konzilstextes für den heutigen interreligiösen Dialog kann kaum hoch genug geschätzt werden, zumal er zur Initialzündung wurde für die Aufarbeitung der bisherigen Fehler und Versäumnisse unter den abrahamitischen Geschwistern. Viele Dialogtreffen wurden seitdem absolviert und zahlreiche Stellungnahmen (von allen Seiten) über die neuen Verhältnisbestimmungen unterzeichnet, die hier gar nicht alle genannt werden können.

2. Worum es dabei im Religionsunterricht geht

Für das gemeinsame Gespräch und insbesondere den Religionsunterricht gelten dementsprechend die folgenden Aspekte als unverzichtbare Richtlinien.[9] Im Blick auf das Judentum ist u. a. zu beachten,
- dass der alttestamentarische Bund keineswegs aufgelöst und die christliche Kirche an seine Stelle getreten ist, somit die Juden nicht als von Gott verworfen anzusehen sind;
- dass es leider schon im Neuen Testament judenfeindliche Tendenzen zu finden sind, die den späteren Antijudaismus und Antisemitismus im christlichen Europa genährt und eine blutige Spur von Unterdrückung, Verfolgung und Vernichtung nach sich gezogen hat;
- dass Jesus selber Jude war, was im Christentum lange vergessen wurde. Das christliche Bekenntnis zu Jesu als dem Christus bildet jedoch die zentrale Differenz. Für Juden ist er heute ein beachtenswerter religiöser Lehrer, aber nicht der erwartete Messias;
- dass das Christentum ohne seine jüdischen Wurzeln nicht denkbar ist;
- allen antijüdischen Klischees und Vorurteilen bewusst entgegen zu treten ist.

Beim Gespräch mit den Muslimen ist u. a. zu berücksichtigen,
- dass beide Religionen gemeinsam im Judentum wurzeln;
- dass beide Glaubensrichtungen vor allem in der biblischen Überlieferung eine auf eine große gemeinsame Tradition zurückgreifen. Von Adam bis Jesus finden sich viele biblischen Gestalten und Geschichten im Koran wieder;
- dass für Christen und Muslime der Monotheismus Kern ihres Glaubens bleibt. Beide erkennen in Gott den Schöpfer, Erhalter, Richter und Vollender. Im Christentum erhielt dieser Monotheismus eine trinitarische Deutung, die auf muslimischer Seite jedoch oft missverstanden wurde;
- dass Jesus im Koran mit Hochachtung genannt wird. Er gehört zu den großen Propheten und war als solcher ein Vorläufer von Mohammed.
„Ein großer Klärungsbedarf herrscht in Bezug auf die ethisch-religiösen Konflikte: um das Kopftuch und das Schächten, um die Stellung der Frau und die Religionsfreiheit, um den mittäglichen Muezzinruf über Lautsprecher und über eigene muslimische Gräberfelder. Diese Konflikte sind für uns teilweise neu und wecken das Interesse der Medien. Die Hauptfrage ist das Problem der Beachtung der Menschenrechte, insbesondere der Religionsfreiheit."[11]

Das bisher Gesagte spiegelt sich in den Kompetenz-Beschreibungen des Lehrplans (Lernbaustein 4.5: Religionen der Welt) wieder:
1. Die Vielfalt religiöser Bekenntnisse und Lebensformen als gleichberechtigte Ausdrucksformen des Menschseins verstehen.
2. Religionen als geschichtlich gewachsene Antwortmodelle auf die Existenzfragen des Menschen beschreiben.

3. Den christlichen Glauben mit anderen Religionen und Weltanschauungen vergleichen können.
4. Fremde Glaubenswege achten und den eigenen Glauben vertiefen.

Da dieser Baustein auf alle Religionen bezogen ist, wären diese Kompetenzen bei Beschränkung auf einzelne Religionen sinngemäß zu verändern.

Didaktisch ist bei der Unterrichtsplanung zum Themenfeld Religion/Religionen allgemein anzuraten, eine kleine methodische wie inhaltliche Übung voranzustellen. Wenn nämlich die Eigenart religiöser Aussagen und Sichtweisen nicht wenigstens ansatzweise nachvollziehbar geworden ist, muss die anzusprechende Vielfalt religiöser Wege zwangsläufig „ort-los" bleiben; ein Verstehen wird wesentlich erschwert, wenn nicht gar unmöglich. Zum anderen ist ein tiefergehendes Verstehen jeglicher Religiosität abhängig vom Entziffern-können religiöser Ausdrucksformen. Wer nicht (wenigstens fragmentarisch) Bilder und Symbole als solche zu sehen und darin eine andere Wirklichkeit wahrzunehmen vermag, dem erschließt sich nichts beim Anblick des Andersartigen.[12]

Quellen:

1   Dass Abraham später (nach Saras Tod) mit seiner dritten Frau Ketura nochmals sechs Söhne zeugte (Gen 25,1-6) wird meist übersehen und würde die Erbschaftsfrage nochmals komplizieren.
2   Stephan Leimgruber: Was können Christen von den Weltreligionen lernen? in: MThZ 66 (2015) 64-84, 65. Download unter:
    https://mthz.ub.uni-muenchen.de/MThZ/article/view/2015H1S64-84/5266
3   Stephan Leimgruber: Interreligiöses Lernen, Kösel, München 2007
4   Zitiert nach Clauß Peter Sajak: Kippa, Kelch, Koran. Interreligiöses lernen mit Zeugnissen der Weltreligionen. Ein Praxisbuch, Kösel, München 2010, 16
5   Auszugsweise zitiert aus dem Materialheft I (Weißt Du wer ich bin?), herausgegeben von der Arbeitsgemeinschaft christlicher Kirchen (ACK), jüdischen und muslimischen Institutionen, 35; Download unter:
    https://www.oekumene-ack.de/fileadmin/user_upload/Themen/MH1_Basisheft.pdf
6   Zum Folgenden vgl. https://de.wikipedia.org/wiki/Interreligi%C3%B6ser_Dialog
7   Zitiert nach Leimgruber (Anm. 3), 50
8   Das komplette Dokument unter:
    http://www.vatican.va/archive/hist_councils/ii_vatican_council/documents/vat-ii_decl_19651028_nostra-aetate_ge.html

9   Die folgenden Bemerkungen gehen zurück auf St. Leimgruber: Religiöses Lernen im Religionsunterricht, in: Religionsunterricht heute 01/2004 (BO Mainz), 4-11. Das Heft findet sich unter: https://bistummainz.de/export/sites/bistum/schule/.galleries/downloads/RU-heute-1-2004.pdf
10 Siehe dazu Anne Frank Haus Amsterdam (Hg.): „Alle Juden sind…" 50 Fragen zum Antisemitismus, Verlag an der Ruhr, Mülheim a.d.R. 2008
11 Leimgruber (Anm.9), 9
12 Vgl. Reiner Jungnitsch: Sie wollen also Religion unterrichten?, BoD, Norderstedt 2018, 97-100

Literatur:

- Alfred Hackensberger: Lexikon der Islam-Irrtümer, Eichborn, Frankfurt/M. 2008
- Lexikon religiöser Grundbegriffe. Judentum Christentum Islam, Herausgegeben von Adel Th. Khoury, Marix, Wiesbaden 2007
- Karl-Josef Kuschel: Juden Christen Muslime, Patmos, Düsseldorf 2007
- Andreas Renz: Beten wir alle zum gleichen Gott?, Kösel, München 2011
- Andreas Renz / Stephan Leimgruber: Christen und Muslime, Kösel, München 2004
- Stefan Jakob Wimmer / Stephan Leimgruber: Von Adam bis Muhammad. Bibel und Koran im Vergleich, Kath. Bibelwerk, Stuttgart 2005

Verknüpfungen:

→ Glaube, → Religion, → Religionsfreiheit

Anhang: 01-05

2.2 Abtreibung

1. Worum es in der Sache geht

Als A. (Schwangerschaftsabbruch) versteht man das vorzeitige Beenden einer Schwangerschaft durch einen medizinischen Eingriff, bei dem die „Leibesfrucht" entfernt wird. Der Embryo (bis etwa zur 8. Schwangerschaftswoche, danach „Fötus") soll diesen Eingriff absichtlich nicht überleben. Die Berechtigung eines solchen Eingriffs ist seit Jahrhunderten umstritten. Der Streit darüber wird von grundlegenden ethischen und religiösen Überlegungen und Argumenten bestimmt.

Nach aktueller deutscher Rechtsprechung ist eine A. grundsätzlich unter Strafe gestellt. Der rechtliche Schutz des Ungeborenen beginnt nach § 218 StGB mit der Einnistung der befruchteten menschlichen Eizelle in die Gebärmutter (Nidation). Dieser Vorgang ist etwa zwei Wochen nach der Befruchtung abgeschlossen.

Dieser frühzeitige und umfassende Schutz menschlichen Lebens basiert auf den Artikeln 1 und 2 des Grundgesetzes: Die Würde des Menschen ist unantastbar; Jeder hat das Recht auf die freie Entfaltung seiner Persönlichkeit, soweit er nicht die Rechte anderer verletzt; Jeder hat das Recht auf Leben und körperliche Unversehrtheit. Wichtig ist also die Feststellung, dass der Staat das Ungeborene vollgültig als schützenswerten Menschen und Bürger betrachtet.

Die schrittweise Liberalisierung der Rechtsprechung zur A. in den letzten Jahrzehnten hat allerdings den Lebensschutz während der Schwangerschaft eingeschränkt und einen Abbruch unter bestimmten Bedingungen für zulässig erklärt. Eine A. ist nach § 218a StGB nicht strafbar, wenn
- die Schwangere den Schwangerschaftsabbruch verlangt und dem Arzt durch eine Bescheinigung nach nachgewiesen hat, dass sie sich mindestens drei Tage vor dem Eingriff hat beraten lassen,
- der Schwangerschaftsabbruch von einem Arzt vorgenommen wird und
- seit der Empfängnis nicht mehr als zwölf Wochen vergangen sind.

Darüber hinaus betrachtet das StGB eine A. ebenfalls nicht als Straftat, wenn eine der folgenden „Indikationen" vorliegt:
1. Die medizinische Indikation: *„Der mit Einwilligung der Schwangeren von einem Arzt vorgenommene Schwangerschaftsabbruch ist nicht rechtswidrig, wenn der Abbruch der Schwangerschaft unter Berücksichtigung der gegenwärtigen und zukünftigen Lebensverhältnisse der Schwangeren nach ärztlicher Erkenntnis*

angezeigt ist, um eine Gefahr für das Leben oder die Gefahr einer schwerwiegenden Beeinträchtigung des körperlichen oder seelischen Gesundheitszustandes der Schwangeren abzuwenden, und die Gefahr nicht auf eine andere für sie zumutbare Weise abgewendet werden kann." (§ 218a StGB)
2. Die kriminologische Indikation: Sie liegt vor, „wenn nach ärztlicher Erkenntnis an der Schwangeren eine rechtswidrige Tat nach den §§ 176 bis 178 des Strafgesetzbuches begangen worden ist, dringende Gründe für die Annahme sprechen, daß die Schwangerschaft auf der Tat beruht, und seit der Empfängnis nicht mehr als zwölf Wochen vergangen sind." (Ebd.) Gemeint ist hier vor allem der Tatbestand der Vergewaltigung.
In beiden Fällen entfällt die ansonsten vorgeschriebene Beratungspflicht.[1]

Über die rechtliche Regelung hinaus sind allerdings die ethischen und religiösen Argumente und Positionen von entscheidendem Gewicht.

Eine prominente und heftig umstrittene Position für ein grundsätzliches Recht auf Tötung von Ungeborenen vertritt Peter Singer: „Ich schlage daher vor, dem Leben eines Fötus keinen größeren Wert zuzubilligen als dem Leben eines nicht-menschlichen Lebewesens auf einer ähnlichen Stufe der Rationalität des Selbstbewusstseins, der Wahrnehmungsfähigkeit, der Sensibilität etc. Da kein Fötus eine Person ist, hat kein Fötus denselben Anspruch auf Leben wie eine Person. Ferner ist es sehr unwahrscheinlich, dass Föten von weniger als achtzehn Wochen überhaupt fähig sind, etwas zu empfinden, weil ihr Nervensystem allem Anschein nach noch nicht genug entwickelt ist. Wenn das so ist, dann beendet eine Abtreibung bis zu diesem Datum eine Existenz, die überhaupt keinen Wert an sich hat."[2]

Der Streitpunkt liegt also weniger bei der Frage, wann menschliches Leben beginnt, sondern ab wann das Personsein seinen Anfang nimmt. Es geht also um die Attribute des Menschen als Person und die ihm damit zugesprochenen Rechte. Damit treffen fundamentale Optionen über das Menschsein und dessen Beginn aufeinander.

In diesem ethischen Diskussionsrahmen wird auch häufig auf die sogenannten SKIP-Argumente verwiesen. Das Kürzel summiert die hierbei zentralen Begriffe **S**pezies, **K**ontinuität, **I**dentität und **P**otentialität. Kurzgefasst wird dabei argumentiert:
1. Das Speziesargument besagt, der Embryo gehört biologisch zur Spezies des Homo sapiens, besitzt daher eine unverlierbare Würde und ist deshalb schutzwürdig, hat also das gleiche Recht auf Leben wie alle Geborenen dieser Spezies.

2. Das Kontinuitätsargument geht davon aus, dass sich Embryonen kontinuierlich zu einem Menschen entwickeln. In dieser Entwicklung bis zur Geburt gibt es keine moralisch bedeutsamen Einschnitte, so dass dem Ungeborenen die gleichen Recht wie einem Geborenen zukommen.

3. Das Identitätsargument behauptet, dass unter moralischer Sicht die Identität eines geborenen Menschen grundsätzlich gleich ist mit der Identität des durch die Verschmelzung von Ei- und Samenzelle entstandenen Embryos. Folglich verfügen beide Stadien über die gleiche Menschenwürde und entsprechendes Schutzrecht.

4. Das Potentialitätsargument betont die im Embryo angelegte Potenz, ein geborener Mensch zu werden. Von Anfang an existiert also die Potenz für ein personales Dasein und zu einem moralischen Subjektsein. Aufgrund dieser ununterbrochenen Potenzialität sei der Embryo ohne Einschränkungen schützenswert.[3]

Diese mehr säkularen ethischen Argumentationen weisen eine gewisse Schnittmenge auf mit den religiös geprägten Standpunkten, wie sie von den beiden großen christlichen Kirchen vertreten werden. Deren Basis bildet die Orientierung an den Kernpunkten des biblischen Menschenbildes, dem Tötungsverbot im Dekalog (Ex 20,13) sowie den ethischen Forderungen Jesu.

Die *Evangelische Kirche* anerkennt die außerordentliche Konfliktsituation und Gewissensnot, in der sich die Frauen bzw. Eltern befinden, hebt aber hervor, dass es bezüglich des Abbruchs oder der Fortführung der Schwangerschaft nicht um die Wahl zwischen gleichrangigen Alternativen gehe. Neben dem Selbstbestimmungsrecht der Frau verdiene das Lebensrecht des ungeborenen Kindes grundsätzliche Anerkennung. Das Tötungsverbot der Bibel sei für alle verpflichtend. A. sei Tötung menschlichen Lebens. Der Evangelische Erwachsenen-Katechismus mahnt unmissverständlich (im Rückgriff auf eine Stellungnahme aus dem Jahr 1990): *„Die staatliche Gesetzgebung entlässt den Christen nicht aus der Verpflichtung, das eigene Handeln selbst ethisch zu bedenken. Die Straffreiheit des Schwangerschaftsabbruchs bei bestimmten Indikationen rechtfertigt das Töten weder ethisch noch theologisch für die Frau, den Partner, die Familie, den Arzt, die ganze Gesellschaft."[4]*

Die *Katholische Kirche* sieht den schützenswerten Beginn menschlichen Lebens (im Unterschied zur Evangelischen Kirche, die den Beginn mit der Nidation ansetzt) mit der Verschmelzung von Ei- und Samenzelle. Daher sei dieses Leben ein Rechtsgut, das von Anfang an einen Anspruch auf Schutz vor Vernichtung habe. Bereits das Zweite Vatikanische Konzil (1962-1965) formulierte seine Position in aller Deutlichkeit: *„Das Leben ist daher von der Empfängnis an mit* *höchster Sorgfalt zu schützen. Abtreibung und Tötung des Kindes sind verab-scheuenswürdige Verbrechen.*" (Gaudium et spes, Nr. 51)[5]

Das kirchliche Recht sieht dafür die Strafe der Exkommunikation vor (CIC, can. 1398)[6] Der Katholische Erwachsenen-Katechismus sieht als Konsequenz daraus: *„Wer Mittel anwendet, die eine Einnistung der befruchteten Eizelle in die Gebärmutter verhindern, vernichtet menschliches Leben.*"[7]

Für die katholische Sicht stehen Unantastbarkeit und Unverletzlichkeit des Lebens nicht zur Disposition. Die Kirche beklagt, dass dieses unbedingte Ja zum Leben heute *„in weiten Teilen der Gesellschaft gegenüber dem vorgeburtlichen menschlichen Leben nicht so eindeutig wie gegenüber dem geborenen"* sei. Und *„je weniger ein Mensch sein Leben selbst schützen kann, um so mehr bedarf er eines Schutzes durch die Mitmenschen und durch die Gesellschaft. Aus der Einsicht, daß jedes Menschenleben Würde und Wert besitzt, setzt sich die Kirche für das schwache und hilflose menschliche Leben ein.*[8]

2. Worum es dabei im Religionsunterricht geht

Da es beim Thema A. in erster Linie um eine ethische Streitfrage geht, wird sie seitens der SchülerInnen gern vorgeschlagen. Altersbedingt trifft es einen Lebensnerv der Jugendlichen, die über erste bewusste Beziehungs- und Sexualitätserfahrungen verfügen, sich aber insbesondere über die moralischen Implikationen dieses Lebensbereiches teils recht unsicher sind und daher Austausch und Orientierung suchen. Die direkte Frage *„Was würdest Du tun, wenn Du plötzlich erfährst, dass Du schwanger bist bzw. wenn Deine Freundin schwanger ist?"* führt sicher zu einer ersten Grundsatzdebatte. Pragmatische Gesichtspunkte stehen dabei meist im Vordergrund. Also gilt es den Informationsstand zu verbreitern und ein Bewusstsein zu schaffen für die impliziten ethischen und religiösen Fragestellungen, für Positionen und Argumente. Dass es beim Thema A. eine rechtliche (Was sagt das Gesetz?), eine biologische (Wie entwickelt sich ein Kind im Bauch der Mutter?) und eine ethische (Ist A. Mord?) Perspektive gibt, ist nicht allen von vornherein klar. Notwendig ist also nicht nur das Sachwissen über das Strafgesetz und die Phasen einer Schwangerschaft, sondern auch die rationale Auseinander-setzung mit den Standpunkten und Argumenten der Befürworter und Gegner. Der Religionsunterricht hat auch hier keine „Missionsaufgabe" hinsichtlich kirchlicher Positionen, er soll dazu beitragen, das Gewissen zu schärfen, damit Betroffene eine nachhaltig verantwortliche Entscheidung treffen können.

Quellen:

1 Zu den genaueren Regelungen des § 218-219 StGB siehe: https://dejure.org/gesetze/StGB/218.html
2 Peter Singer: Praktische Ethik, Stuttgart: Reclam 1984, 163
3 Siehe dazu: http://www.drze.de/im-blickpunkt/pid/ethische-aspekte/?searchterm=SKIP
4 Evangelischer Erwachsenenkatechismus: Im Auftrag der Kirchenleitung der VELKD herausgegeben von Andreas Brummer u.a., Gütersloher Verlagshaus, Gütersloh 2010[8], 367
5 Siehe: http://www.vatican.va/archive/hist_councils/ii_vatican_council/documents/vat-ii_const_19651207_gaudium-et-spes_ge.html
6 https://www.codex-iuris-canonici.de/cic83_dt_buch6.htm#0206
7 Katholischer Erwachsenen-Katechismus. Zweiter Band: Leben aus dem Glauben, Herausgegeben von der Deutschen Bischofskonferenz, Bonn 1995, 288-292, 289
8 Ebd., 288. Der „Katechismus der Katholischen Kirche" von 1993 behandelt das Thema in den Abschnitten 2270ff.: http://www.vatican.va/archive/DEU0035/_P86.HTM

Literatur:

- Ute Buth / Thomas Schirrmacher: Schwangerschaftsabbruch (Kurz und bündig), Hänssler, Holzgerlingen 2013
- Gott ist ein Freund des Lebens. Herausforderungen und Aufgaben beim Schutz des Lebens. Gemeinsame Erklärung des Rates der EKD und der Deutschen Bischofskonferenz, Bonn 2000 (Download unter: https://www.dbk.de/fileadmin/redaktion/veroeffentlichungen/arbeitshilfen/AH_076.pdf
- Norbert Hoerster: Abtreibung im säkularen Staat: Argumente gegen den § 218, Suhrkamp, Frankfurt/M. 1991
- Wolfgang Huber: Ethik. Die Grundfragen unseres Lebens von der Geburt bis zum Tod, C.H. Beck, München 2013
- Manfred Spieker: Kirche und Abtreibung in Deutschland, Schöningh, Paderborn 2008

Verknüpfungen:
→ Mensch

Anhang: 06-08

2.3 Arbeit

1. Worum es in der Sache geht

Was ist Arbeit? Beim alltäglichen Wortgebrauch scheint jeder zu wissen, was damit gemeint ist. Aber A. kann vieles bedeuten. Wer den Begriff nachschlägt, trifft auf recht verschiedene Beschreibungen.[1] So verstehen die Sozialwissenschaften darunter *„eine zielbewusste und sozial durch Institutionen abgestützte besondere Form der Tätigkeit, mit der Menschen seit ihrer Menschwerdung in ihrer Umwelt zu überleben versuchen"*. In der Volkswirtschaftslehre ist A. *„ein Produktionsfaktor, der jede menschliche Tätigkeit mit dem Ziel der Einkommenserzielung umfasst"*. Für die Betriebswirtschaftslehre ist A. *„jede plan- und zweckmäßige Betätigung einer Arbeitsperson in körperlicher und geistiger Form, die dazu dient, Güter oder Dienstleistungen in einem Betrieb zu produzieren"*. Und die philosophische Definition klingt nochmals abstrakter: A. *„im philosophischen Sinn erfasst alle Prozesse der bewussten schöpferischen Auseinandersetzung des Menschen. Sinngeber dieser Prozesse sind die selbstbestimmt und eigenverantwortlich handelnden Menschen mit ihren individuellen Bedürfnissen, Fähigkeiten und Anschauungen im Rahmen der aktuellen Naturgegebenheiten und gesellschaftlichen Arbeitsbedingungen"*. In jüngster Zeit spricht man auch von „Arbeit 4.0" und meint damit die Veränderungen der Arbeitswelt durch die sogenannte „vierte industrielle Revolution". Der Begriff drückt aus, *„dass die zum Teil heute schon gelebten Arbeitsweisen, vor allem aber die Arbeitsweisen in den nächsten Jahren sich an die Herausforderungen und Möglichkeiten der digitalen Welt anpassen. In diesem Zusammenhang umspannt Arbeit 4.0 den Veränderungsprozess der Arbeitswelt im digitalen Zeitalter"*. Ein Kennzeichen dieses gegenwärtigen Wandels ist die Spezialisierung, quasi der Maßzuschnitt des Arbeitnehmers für einen genau definierten Platz im Arbeitsprozess. Das mag von Vorteil sein, hat aber auch unübersehbare Schattenseiten. Denn *„Wer für den einen Arbeitsplatz wie maßgeschneidert erscheint, kann möglicherweise nur schwer auf einen anderen vermittelt werden. Permanente Weiterbildung und die Schaffung zusätzlicher Qualifikationen werden so unerlässlich. Menschen haben dann nicht mehr nur einen Beruf, sondern mehrere. Vielseitigkeit und Spezialwissen müssen dazu unter einen Hut gebracht werden. Lebenslangens Lernen ist notwendig. Eine bloße Identifikation mit dem Beruf wird dann jedoch schwieriger. Denn Arbeit, die einem ständigen Wandel unterliegt, ist mehr Persönlichkeitsmerkmal als Beruf. Probleme werden jene haben, die aus unterschiedlichen Gründen beim Tempo der Entwicklung nicht mithalten können."*[2]

So weit, so verwirrend. Aber dreht sich die A. lediglich um Einkommen, Produktion und Bedürfnisbefriedigung? Wenigstens in der philosophischen Umschreibung klingt an, dass A. auch mit Kreativität, Sinngebung, Selbstbestimmung und Verantwortung zu tun hat. Die Beschränkung von A. alleine auf die Erwerbsarbeit bleibt eine einseitige Verkürzung, die weithin die A. von Frauen übergeht, ebenso alle ehrenamtlichen Tätigkeiten. Weitgefasst umspannt der Begriff A. sämtliche menschlichen Handlungen, die zur Aufrechterhaltung des Lebens erforderlich sind, also unabhängig von der Tatsache, ob sie bezahlt oder unbezahlt, ob sie selbstständig oder in einem abhängigen Beschäftigungsverhältnis stattfinden oder nicht.[3]

A. kann also vieles bedeuten. Von der sprachlichen Wurzel her meint sie auf jeden Fall Mühe, Not und Plage. Doch sie bleibt ambivalent, sie ist sicherlich eine Last, kann aber auch Befriedigung und Sinn vermitteln. So sagen wir heute. Doch das Verständnis von A. hat sich im Laufe der Kulturgeschichte radikal gewandelt.

In der Antike galt körperliche Arbeit sowohl bei den Griechen als auch den Römern für den freien Mann (!) weithin als unrein und unwürdig, sie ist Angelegenheit von Sklaven. A. war ein Klassenbegriff, der diejenigen im Blick hatte, die für ihren Arbeitgeber die alltäglichen Lebensnotwendigkeiten besorgen. Aristoteles entwickelte daraus eine Hierarchie der Tätigkeiten: „Knechte, Mägde, Tagelöhner, Metöken und Sklaven verrichten Arbeit, Handwerker stellen Gebrauchsgegenstände her, Bürger treffen die politischen Entscheidungen, Philosophen haben Muße für die Erkenntnissuche. Ziel der aristokratischen Philosophen war es, Handwerker, Händler und Bauern aus der Politik auszuschließen, weil man in der Arbeit keine Bürgertugenden erwerben könne. Zudem suchte Aristoteles den Sklavenstatus als naturgemäß zu begründen."[4] Auch für Cicero gehört zum eigentlichen Leben die Beschäftigung mit Kunst, Politik und Wissenschaft.

Eine völlig gegenläufige Auffassung von A. findet sich im gleichen Zeitraum in der Hebräischen Bibel, dem Alten Testament. A. ist die Teilhabe an Gottes Schöpfungswerk und gilt gleichermaßen für alle Menschen. Jeder soll arbeiten (Genesis 1,27 und 2,15) und aktiv dazu beitragen, der widerspenstigen Natur das zum Leben Notwendige abzuringen (Genesis 3,19). A. gehört wesenhaft zum menschlichen Dasein dazu, da er als Ebenbild Gottes verstanden wird, der ja seinerseits als Schöpfer, als Arbeitender dargestellt wird. Von den Früchten seiner A. soll der Mensch leben, da Gottes Segen auf der Erde als auch der menschlichen A. ruht. Der biblische Arbeitsauftrag ist also nicht die negative Folge des „Sündenfalls". Der in Genesis 3,17 ausgesprochene Fluch bezieht sich auf die Rahmenbedingungen der A., die nun als Mühe und Plage empfunden wird. Der Segen Gottes liegt weiterhin auf der A. des Menschen, aber „im Schweiße *deines Angesichts wirst du dein Brot essen"* (Genesis 3,19). Bemerkenswert bleibt hier das komplementäre Verhältnis von A. und Ruhe: *„Sechs Tage darfst du schaffen und all deine Arbeit tun"* (Exodus 20,9). *„Besonders interessant ist, dass auch hier sowohl alle Menschen als auch die Tiere in das Ruhehalten mit eingeschlossen werden. Die Erholung am siebten Tage ist für die Menschen aber nicht nur eine Verpflichtung, sondern ein großes Recht. Sie müssen sich nicht von der Arbeit ausbeuten lassen. Die Pause gehört zum Rhythmus."*[5]

Das Neue Testament folgt diesem jüdischen Arbeitsethos. Jesus war selber Handwerker, seine ersten Jünger Fischer, Paulus von Beruf Zeltmacher. Die Adressaten von Jesu Predigten waren die „kleinen Leute", die höchst mühevoll - und mehr schlecht als recht - von ihrer Hände A. lebten, weil sie von der römischen Besatzungsmacht ausgebeutet wurden. In den Gleichnissen von den Arbeitern im Weinberg (Matthäus 20), vom Verwalter (Lukas 16) und vom anvertrauten Geld (Lukas 19) betont Jesus den Vorrang der Bedarfsgerechtigkeit vor der Leistungsgerechtigkeit. Die Beendigung von ökonomischer Ausbeutung schafft neue Lebenschancen und bildet einen wichtigen Schritt zur Verwirklichung des Reiches Gottes. Paulus ermahnt zur Arbeitspflicht und lebt dabei vor, dass kein Arbeitsfähiger auf Kosten der Arbeit anderer leben soll (Apostelgeschichte 20,33f; 1 Thessalonicher 4,11f: 2 Thessalonicher 3,6-13). Besonderen Wert legt Paulus auf die Gleichstellung aller in Christus: *Es gibt nicht mehr Juden und Griechen, nicht Sklaven und Freie, nicht männlich und weiblich; denn ihr alle seid einer in Christus Jesus* (Galater 3,28). Mit dieser revolutionären Perspektive soll die bisherige Trennung von Kopf- und Handarbeit endgültig überwunden werden.

Die Wertschätzung jeglicher A., die nicht nur dem Lebensunterhalt des Einzelnen dient, sondern zugleich der Gemeinschaft zugutekommt, wird bei den ersten Klostergründungen zu einer prägenden Leitidee. Dabei verbinden sich nun A. und Gebet, die *vita activa* und die *vita contemplativa*. „Bete und arbeite" wird zum Motto der Benediktiner-Mönche. Das bescherte den Klöstern Erfolg und Wohlstand, machte sie gleichzeitig aber in ihrer christlichen Lebensform immer unglaubwürdiger. Einer sich langsam einschleichenden Höherwertung des kontemplativen Lebens versuchten dann die entstehenden Bettelorden entgegen zu wirken, die wirtschaftlichen Wohlstand eher als hinderlich ansahen auf dem Weg zu Gott. Gegen die Privilegierung der Kontemplation des geistlichen Standes richtete sich auch die Kritik Martin Luthers. Er sah auf dem Hintergrund des allgemeinen Priestertums aller Gläubigen keinen Grund, die weltliche Berufsarbeit dem Gebet nachzuordnen. Die A. im profanen Alltag wurde ihrerseits als Gottesdienst gewertet. Damit war eine spezifische Berufs-Theologie entstanden, die eine nachhaltige Wirkung entfaltete. Pädagogik des Aufklärungszeitalters anknüpfen sollte. *„In diesem Rahmen entwickelte sich das bürgerlich-liberale ‚Arbeitsversprechen' der Neuzeit, das bis heute nichts an* *kultureller Prägekraft verloren hat. Diesem Versprechen zufolge sollten nicht mehr Hierarchie und Herkommen, sondern einzig die eigene Arbeitsleistung über das Ansehen eines Menschen entscheiden. Seit dieser Zeit gilt in den Gesellschaften der europäischen Moderne auf Fleiß und Leistung beruhende, Werte schaffende und Eigentum begründende eigene Arbeit als das wichtigste Medium, mit dem der Einzelne seine individuelle Emanzipation und seine gesellschaftliche Integration realisiert; und mit diesem freiheitsethischen Arbeitsversprechen hatte sich im 19. und 20. Jahrhundert auch die katholische Soziallehre auseinanderzusetzen."[6]*

Auf die grundlegenden Veränderungen der Gesellschaft durch die Industrialisierung und die Probleme der Arbeiterschaft reagierte die kirchliche Soziallehre spät und zögerlich. Der Bogen der entsprechenden päpstlichen Sozialenzykliken reicht von *Rerum novarum* (1891, Leo XIII.) bis zu *Centesimus annus* (1991, Johannes Paul II.). Einen gewissen Höhepunkt erreicht die katholische Arbeitsethik in der Enzyklika *„Laborem Exercens"* (1981, Johannes Paul II.). Darin wird unmissverständlich klargestellt, dass nicht das Kapital, sondern die Arbeit den Vorrang haben soll, weil der arbeitende Mensch der Mittelpunkt des Wirtschaftslebens ist. *„Der Mensch soll sich die Erde untertan machen, soll sie beherrschen, da er als »Abbild Gottes« eine Person ist, das heißt ein subjekthaftes Wesen, das imstande ist, auf geordnete und rationale Weise zu handeln, fähig, über sich zu entscheiden, und auf Selbstverwirklichung ausgerichtet. Als Person ist der Mensch daher Subjekt der Arbeit. Als Person arbeitet er und vollzieht die verschiedenen Handlungen, die zum Arbeitsprozeß gehören; unabhängig von ihrem objektiven Inhalt müssen diese alle der Verwirklichung seines Menschseins dienen, der Erfüllung seiner Berufung zum Personsein, die ihm eben aufgrund seines Menschseins eigen ist."* (...) *„Denn es steht außer Zweifel, daß die menschliche Arbeit ihren ethischen Wert hat, der unmittelbar und direkt mit der Tatsache verbunden ist, daß der, welcher sie ausführt, Person ist, ein mit Bewußtsein und Freiheit ausgestattetes Subjekt, das heißt ein Subjekt, das über sich entscheidet."*[7]

2. Worum es dabei im Religionsunterricht geht

Das Thema A. gehört insbesondere im Berufsschul-Religionsunterricht zum unverzichtbaren Unterrichtsstoff, denn wo sonst kann mit jungen Menschen an der Schwelle zur Arbeitswelt so eingehend, authentisch und grundsätzlich über diesbezügliche Erfahrungen und Erwartungen reflektiert werden. Und das in doppelter Perspektive: einerseits kommen die Standpunkte der SchülerInnen bzw. jugendlichen Arbeitnehmer dabei offen zur Sprache, andererseits bringt gleichzeitig die Lehrkraft ihr Erleben und ihre religiös-theologische Sicht in das

Gespräch mit ein. Diese Konstellation lässt nun weiterfragen: Was sind die aktuellen und prägenden Erfahrungen des Arbeitslebens? Welche Bedeutung haben diese Erfahrungen im Lebensganzen der Heranwachsenden? Und allgemeiner: Was bedeutet A. im individuellen sowie im gesellschaftlichen Kontext? Und auch: Worin liegt die Verbindung von A. und Religion?[8]

Der Lehrplan[9] sieht unter dem Lernbereich „Leben und Arbeiten" gleich mehrere Lernbausteine vor: Sinn der Arbeit, Arbeit und Gerechtigkeit, Arbeit und Gesellschaft, Frei Zeit gestalten, Arbeit und Menschenwürde. Die angezielten Kompetenzen beim erstgenannten Baustein lauten:
1. Arbeit als zielgerichtete menschliche Tätigkeit zur Erzeugung und Bereitstellung von Gütern und Dienstleistungen und zugleich zum Unterhalt des eigenen Lebens erkennen.
2. Die personale Selbstverwirklichung und den Dienst an der menschlichen Gesellschaft als Sinngebung der Arbeit entdecken.
3. Sich mit verschiedenen Einstellungen zur Arbeit auseinandersetzen, besonders mit den Positionen der katholischen Soziallehre: Arbeit bedeutet mitgestaltender Partner Gottes in der Schöpfung sein.
4. Bereitschaft zu einer verantwortungsbewussten Arbeitsweise, kollegialer Zusammenarbeit und Einsatz für eine menschenwürdige Arbeitswelt entwickeln.
   (Diese vierte Perspektive entzieht sich natürlich einer unterrichtlichen Prüfbarkeit)

Den Einstieg sollte also eine gemeinsame Verbalisierung der realen Erfahrungen der SchülerInnen bilden, bei der sich neben den positiven Aspekten auch die Probleme des Arbeitslebens abzeichnen werden.[10]

Schnell werden die Überlegungen grundsätzlicher und (system-)kritischer. Einen provokativen Charakter stellt die Analyse zur A. in einem kapitalistischen Wirtschaftssystem von Erich Fromm dar:[11] *„Der moderne Kapitalismus braucht Menschen, die in großer Zahl reibungslos funktionieren, die immer mehr konsumieren wollen (...). Er braucht Menschen, die sich frei und unabhängig vorkommen und meinen, für sie gebe es keine Autorität, keine Prinzipien und kein Gewissen - und die trotzdem bereit sind, sich kommandieren zu lassen, zu tun, was man von ihnen erwartet, und sich reibungslos in die Gesellschaftsmaschinerie einzufügen (...). Was kommt dabei heraus? Der moderne Mensch ist sich selbst, seinen Mitmenschen und der Natur entfremdet (...)".* Er *„überwindet ... seine unbewusste Verzweiflung durch die Routine des Vergnügens (...), außerdem durch die Befriedigung, ständig neue Dinge zu kaufen und diese bald wieder gegen andere auszuwechseln (...). Unser Charakter ist darauf eingestellt, zu tauschen und Dinge in Empfang zu nehmen, zu handeln und zu konsumieren.*

Alles und jedes - geistige wie materielle Dinge - wird zu Objekten des Tausches und des Konsums."

Fromms zum Kommentar herausfordernde Spiegelung als Medium eines Unterrichtsgespräches wird sehr schnell den Kernpunkt des Themas aufscheinen lassen: A. als Lebens- und Sinnfrage! *Wozu arbeite ich eigentlich?* Ein literarischer Klassiker zu dieser Diskussion ist die „Anekdote zur Senkung der Arbeitsmoral" von Heinrich Böll, in der es um den entscheidenden Kontrast des „Leben, um zu arbeiten" oder „Arbeiten, um zu leben" geht.[12]

Nun lassen sich die verschiedenen Dimension der A. genauer unterscheiden und benennen:
1. Sicherung des Lebensunterhaltes (Geld verdienen)
2. Selbstverwirklichung (Horizont erweitern, Verantwortung übernehmen, Selbstbewusstsein gewinnen)
3. Gemeinschaft erleben (im Kontakt mit KollegInnen und Kunden)
4. Dienst am Mitmenschen und der Gesellschaft (soziale Verantwortung)
5. Teilhabe an der Gestaltung der Welt und einer besseren Zukunft für alle (damit ist die religiöse Sicht der A. gemeint; biblisch gesprochen: die Erfüllung des Schöpfungsauftrages)

Den religiösen und kirchlichen Blick auf die Welt und das Arbeitsleben kann an dieser Stelle mit entsprechenden Textstücken vorgestellt und erläutert werden.[13]

Quellen:

1 Vgl. zu den folgenden Definitionen die entsprechenden Artikel bei Wikipedia.
2 https://www.wissen.de/was-bedeutet-arbeit-fuer-den-menschen/page/0/5 (Auszug)
   Zu dieser Problematik: Sozialethischer Arbeitskreis Kirchen und Gewerkschaften (SAK-KG): Für eine radikal reformierte Arbeitsgesellschaft Grundpositionen und Impulse. Ein Zwischenruf (2018), unter:
   http://ak-sozialethik.de/wp-content/uploads/2018/05/Memorandum-Arbeit-4.0-4-2018.pdf

3 Vgl. Marita Estor: Art. „Arbeit" in: Wörterbuch der Feministischen Theologie, herausgegeben von E. Gössmann u.a., Gütersloher Verlagshaus, Gütersloh 1991, 29-32. Allgemein zum Hintergrund: Der Artikel „Arbeit" in: Neues Handbuch Theologischer Grundbegriffe, herausgegeben von Peter Eicher, Kösel, München 2005, 51-80; Albert Biesinger/ Joachim Schmidt (Hg.): Ora et labora. Eine Theologie der Arbeit, Grünewald, Ostfildern 2010; Zeitschrift „RU heute" (Bistum Mainz), Heft 3/2017: Arbeit – Last und Würde, Download unter: https://bistummainz.de/export/sites/bistum/schule/.galleries/downloads/RU-heute-3-2017-00001.pdf

4 Werner Krämer: Art. „Arbeit. A. Sozialethisch" in: Neues Handbuch Theologischer Grundbegriffe (s. Anm.3), 56

5 Vgl. http://relilex.de/arbeit-im-alten-testament/

6 Hermann-Josef Große Kracht: Arbeit schändet nicht – Arbeit adelt nicht, in: RU heute (Anm. 3), 10

7 Enzyklika „Laborem Exercens", Nr. 6 (Auszug). Siehe: http://w2.vatican.va/content/john-paul-ii/de/encyclicals/documents/hf_jp-ii_enc_14091981_laborem-exercens.html Die Enzyklika greift zurück auf das Konzils-Dokument Gaudium et Spes, Kap. III: Das menschliche Schaffen in der Welt. Siehe: http://www.vatican.va/archive/hist_councils/ii_vatican_council/documents/vat-ii_const_19651207_gaudium-et-spes_ge.html

8 Vgl. zum Folgenden: R. Jungnitsch: Theologie der Arbeit im Religionsunterricht an beruflichen Schulen, in: A. Biesinger/J. Schmidt: Ora et labora. Eine Theologie der Arbeit, Grünewald, Ostfildern 2010, 201-207; Hilfreiche Unterrichtsmaterialien finden sich z. B. in dem Unterrichtswerk „SinnVollSinn" Bd. 2: Mensch und Welt als Gottes Schöpfung, München 2006, bes. 55ff; ebenso in St. Ernst/ Ä. Engel: Sozialethik konkret, Kösel, München 2006, 47-62. Siehe auch Wolfgang Dietrichs Artikel „Arbeit" in: Norbert Mette/Folkert Rickers (Hg.), Lexikon der Religionspädagogik, Neukirchen-Vluyn 2001, 41-47. Weiteres Unterrichtsmaterial unter: http://www.dihorst.de/themenbloecke/ausbildung-und-beruf/index.php

9 Download unter: https://kultusministerium.hessen.de/sites/default/files/media/lp-_kath_religion.pdf

10 Eine kleine Hilfe für dieses Gespräch findet sich unter dem Stichwort „Arbeitswelt und Glaube" bei https://www.rpp-katholisch.de/

11 Erich Fromm: Die Kunst des Liebens, DVA, Stuttgart 1980 (Erstausgabe 1956!), 97-99 (Auszüge). Das Buch online unter: http://www.herzinger-wolfgang.de/erich_fromm_-_die_kunst_des_liebens.pdf Empfehlenswert dazu bleibt auch Fromm´s Buch „Haben oder Sein, DVA, Stuttgart 1976, online unter: http://www.linkes-oldenburg.de/wp-content/uploads/2019/02/Haben-oder-Sein.pdf

12 Eine Kurzfassung bietet das Kursbuch Religion Berufliche Schulen, 86; die Langfassung unter: https://web.archive.org/web/20170101205635/ http://www.aloj.us.es/webdeutsch/s_3/transkriptionen/l_26_str10_trans.pdf

13 Zentral ist die Textsammlung „Texte zur katholischen Soziallehre" (siehe unten: Literatur). Unter dem Titel „Die soziale Agenda" befindet sich online eine Sammlung von Texten aus der Katholischen Soziallehre: https://www.vaticarsten.de/theologie/kirchliche-docs/sozialagenda-dt.pdf

Literatur:

- Hans Frambach/Daniel Eissrich: Der dritte Weg der Päpste. Die Wirtschaftsideen des Vatikans, UVK, München 2016
- Katholische Arbeitnehmer-Bewegung Deutschlands e.V. (Hg.): Texte zur katholischen Soziallehre. Die sozialen Rundschreiben der Päpste und andere kirchliche Dokumente, Butzon & Bercker, Kevelaer 2007
- Kuno Füssel/Franz Segbers (Hg.): „... so lernen die Völker des Erdkreises Gerechtigkeit", Pustet, Salzburg 1995
- Walter Kerber: Sozialethik, Kohlhammer, Stuttgart 1998
- Dorothee Sölle: lieben und arbeiten. Eine Theologie der Schöpfung, Kreuz, Stuttgart 1985
- Oswald von Nell-Breuning: Gerechtigkeit und Freiheit. Grundzüge katholischer Soziallehre, Olzog, München 1985

Verknüpfungen:

→ Freiheit, → Gerechtigkeit, → Mensch, → Verantwortung

Anhang: 09-10

2.4 Freiheit

1. Worum es in der Sache geht

Frei sein bedeute, tun und lassen zu können was man will, so ist oft zu hören. Dieses Verständnis von F. bleibt nicht nur hinter der Alltagserfahrung zurück, es ist auch schlicht unrealistisch. Wir sind nicht unbegrenzt frei. Unsere F. ist immer eine bedingte, die durch Veranlagung, Gesundheit, Erziehung, Kultur, Politik und manch andere Faktoren schon eingeschränkt ist. F. ist eben nicht gleichzusetzen mit Unabhängigkeit. Worin besteht dann aber unsere F.?

F. gehört zu den Grund- und Menschenrechten und bildet die Basis einer modernen Demokratie („freiheitlich-demokratische Grundordnung"). Und sie ist ein Grundbegriff der Ethik, denn nur unter der Voraussetzung von Freiheit kann es gutes und böses Handeln, Schuld und Verantwortung geben.

Allgemein versteht man unter F. die Fähigkeit, ohne äußeren Zwang zwischen verschiedenen Möglichkeiten wählen und entscheiden, sich frei verhalten und bestimmen zu können. Zu unterscheiden bleibt einerseits auch zwischen der Willensfreiheit und der Handlungsfreiheit, andererseits zwischen der F. „von etwas" (z. B. von staatlichen Einschränkungen in einer Diktatur) und der F. „zu etwas" (z. B. Meinungsfreiheit).

Knapp gefasst lässt sich F. so umschreiben:
1. Sie ist ein Ausdruck der Geistigkeit des Menschen;
2. Als freie Menschen tragen wir dadurch auch Verantwortung;
3. Sie besteht in der Fähigkeit, sich selbst zu bestimmen;
4. F. ist eine Eigenschaft von vernünftigen und gewollten Handlungen;
5. Frei zu sein bedeutet nicht, keine Verpflichtungen einzugehen.[1]

Wenn heute von vielen Menschen mehr Wert gelegt wird auf das „Freisein von", so bleibt das aber nur die halbe Wahrheit. F. ist nämlich kein Wert an sich, sie ist nicht selbst das Ziel, sondern nur ein Mittel zum Zweck: *„Freiheit ist Selbstbestimmung auf etwas hin, das bedeutet, sie ist die Fähigkeit des Menschen, sich selbst auf ein Ziel hin zu bestimmen. Das ist die eigentliche Definition der Freiheit."*[2] Von allem und jedem frei zu sein, führt noch nirgendwo hin. Das eigentliche Ziel, der Zweck von F. ist der Lebensentwurf. *„Was ist nun dieser Lebensentwurf, in dessen Dienst die Freiheit steht? Ganz einfach: ein Mensch zu sein. Die volle Entfaltung unserer Natur als eines vernunftbegabten Lebewesens ist das wichtigste Projekt, dessen Verwirklichung in unseren Händen liegt."*[3]

Der Blick richtet sich nun auf das Menschsein als Ganzes sowie auf eine vernünftige Lebensgestaltung und vernünftige Entscheidungen. Das lässt zwangsläufig nach Orientierung, nach Regeln und Maßstäben suchen. Die christliche Tradition bietet dazu die klassischen „Kardinaltugenden" (von lateinisch *cardo*: Türangel, Dreh- und Angelpunkt): Gerechtigkeit, Tapferkeit, Klugheit und Mäßigung. Sie sind bereits im AT genannt (Weisheit 8,7) und haben ihren Orientierungswert bis heute nicht verloren.

„Zu den Tugenden, die den Menschen unserer heutigen Welt wahres Menschsein möglich machen, zählen neben den klassischen Kardinaltugenden solche Grundhaltungen wie Aufgeschlossenheit, Zuverlässigkeit, Ehrfurcht, Toleranz, Friedensliebe und Solidarität. Diese dürfen sich nicht im Wohlwollen und in der guten inneren Einstellung erschöpfen, sondern müssen zum Wohltun, zum rechten Handeln führen. Die innere Gesinnung wird erst glaubwürdig, wenn sie sich im konkreten Tun bewährt: in der Gemeinschaft der Glaubenden und in der weltlichen Gesellschaft, im sozialen, politischen, wirtschaftlichen und ökologischen Handeln."[4]

Jede der genannten Tugenden ist wiederum darauf zu prüfen, wieweit sie in der Praxis wirklich zum Wohl des Einzelnen und der Gemeinschaft beiträgt, ob sie der Menschenwürde und den Menschenrechten entspricht. Die Tugenden der Treue und Pflichterfüllung konnte auch ein SS-Kommandant für sich in Anspruch nehmen. Zuverlässigkeit zählt auch in einer Gruppe von Terroristen.
F. kann nicht nur falsch verstanden, sie kann auch missbraucht werden.

Schon das AT weiß um die Gefährdung der F., um die Schwäche des Menschen, eventuell eher egoistischen Motiven zu folgen, der Verlockung des Augenblicks zu verfallen, den kurzfristigen Vorteil zu suchen usw. Dem wollen die Zehn Gebote entgegenwirken. Sie sind eine groß angelegte Charta zur Bewahrung der F. nach den schmerzlichen Erfahrungen von Unterdrückung, Ausbeutung und Sklaverei der Israeliten in Ägypten (Exodus-Erzählung).
Theologischer Hintergrund dafür ist die Gottebenbildlichkeit des Menschen, der als freier Partner Gottes dazu aufgerufen ist, sich für das Wohl aller Menschen und die Bewahrung der Schöpfung einzusetzen.

Die Weisung und das gleichzeitige Wissen, dass wir hinter diesem hohen Anspruch als endliche und verführbare Wesen stets zurückbleiben, zeigt sich auch im NT, wenn Paulus schreibt: *„Denn ihr seid zur Freiheit berufen, Brüder und Schwestern. Nur nehmt die Freiheit nicht zum Vorwand für das Fleisch, sondern dient einander in Liebe!"* (Galater 5,13)

Darum bleibt die Vollendung der F., das endgültige Gelingen des Lebens-entwurfs, ja die umfassende Erlösung des Menschen und der Welt auf die Gnade Gottes angewiesen.

2. Worum es dabei im Religionsunterricht geht

Der Begriff „Freiheit" umschreibt sicherlich gerade im Jugendalter ein facettenreiches Bündel aus Vorstellungen, Wünschen, Sehnsüchten und Erfahrungen. Was jeder Einzelne in der Lerngruppe mit diesem Begriff verbindet, wäre als Einstieg genauer zu erheben: Was verbinde ich mit dem Wort Freiheit? Wo und wie erlebe ich Freiheit? Wo und wodurch wird meine Freiheit eingeschränkt? Wo beobachte oder erlebe ich Unfreiheit? Was macht mich frei? o.ä. Es können für diese erste Reflexion auch „Ereignisfelder" der F. vorgegeben werden: Eigene Person, Familie, Gesellschaft, Politik, Sport, Mode, Körper, Arbeitsplatz, Schule, Freunde, Wirtschaft, Wissenschaft, Internet, Partnerschaft. - Wie kommt hier F. vor?

Ebenso könnte der Aufriss des Themas mittels Bildern und Karikaturen geschehen, die spontan interpretiert und kommentiert werden. Eine erste Bilanz führt schon zu Differenzierungen in persönliche, gesellschaftliche und politische Bereiche. Damit wäre schon eine allzu individualistische Perspektive aufgebrochen. Der nächste Schritt kann z. B. in einer Internetrecherche bestehen bzw. in der Erarbeitung verschiedener Informationstexte (Lexika-Auszüge), mittels derer eine sachgerechte Umschreibung möglich wird (siehe oben).

Die quasi phänomenologische Beschreibung bildet aber nur die Basis für vertiefende Überlegungen: Wie nutzen wir unsere F.? Wie bewahren wir sie? Was hilft uns dabei? Wo scheitern wir, und warum? usw.

Das Nachdenken wird dabei immer grundsätzlicher und macht bewusst, wie sehr es bei dem Begriff F. um das Selbstverständnis des Menschen geht (Menschenbilder!) sowie um die Frage, wie wir unser Leben richtig leben. Nun kreisen die Gedanken mehr um Lebensziele, Werte, Glück und Sinn. An dieser Stelle öffnet sich die religiöse Dimension des Themas, wo ggf. über die genannten Tugenden, den Dekalog oder die Bergpredigt gesprochen werden kann.

Quellen:

1 Vgl. H. Zagal/J.Galindo: Ethik für junge Menschen, Reclam 18093, Stuttgart 2000, 69-79
2 Ebd., 70f
3 Ebd., 73
4 Katholischer Erwachsenen-Katechismus. Zweiter Band: Leben aus dem Glauben, Herausgegeben von der Deutschen Bischofskonferenz, Bonn 1995, 75

Literatur:

- Peter Bieri: Das Handwerk der Freiheit, Fischer TB 15647, Frankfurt/M. 2003
- Volker Ladenthin: Mach´s gut? Mach´s besser! Eine kleine Ethik für den Alltag, Echter, Würzburg 2017

Verknüpfungen:
→ Ethik, → Gewissen, → Mensch, → Zehn Gebote

Anhang: 11-13

2.5 Gerechtigkeit

1. Worum es in der Sache geht

Die Frage nach G. drängt sich vielfach dort auf, wo die schmerzliche Erfahrung des Gegenteils vorliegt. Wir kennen viele Situationen des Alltags, die das Thema berühren: Ist es gerecht, wenn
- in der Arbeitswelt Frauen für die gleiche Tätigkeit schlechter bezahlt werden als Männer?
- jemand im Vorstand eines großen Unternehmens mindestens das Hundertfache dessen verdient, was ein einfacher Arbeiter oder Angestellter erhält?
- Kinder und Jugendliche bei politischen Wahlen nicht mitstimmen dürfen, obwohl sie von den Entscheidungen der Politiker genauso mitbetroffen sind?
- bei mehreren Bewerbern um einen Arbeits- oder Ausbildungsplatz derjenige mit einem „ausländischen" Namen deutlich geringere Chancen hat?
- Babywindeln mit 19 % Mehrwertsteuer belegt sind, während für Hundefutter nur ein Satz von 7 % gilt?
- die 14jährige Manuela abends spätestens um 21 Uhr zu Hause sein muss, ihr 17jähriger Bruder bis 23 Uhr Ausgang hat?

Was hier jeweils gerecht? Die Diskussion darüber wird auch zeigen, wie strittig die Sache bleiben kann. Was der Eine für gerecht ansieht, hält die Andere immer noch für unfair.

Diese beliebigen Beispiele zeigen schon, dass es in Sachen G. um ganz unterschiedliche Zusammenhänge geht, die es erforderlich machen, den Begriff entsprechend zu differenzieren. G. findet ihre Anwendung einerseits im individuellen Bereich (personale G.), andererseits im Rahmen jeder Gemeinschaft und des Staates (strukturelle bzw. soziale G.): *„In einem Rechtsstaat wie der Bundesrepublik Deutschland ist die Gerechtigkeit das oberste Ziel. Die Verfassung und die Gesetze schreiben die Regeln fest, die im Staat gelten, und diese Gesetze gelten für alle Menschen gleich. Damit soll der äußere Rahmen festgelegt werden, damit es für alle Bürgerinnen und Bürger möglichst gerecht zugeht."*[1]

G. bleibt dennoch ein Anspruch, ein Ideal, das immer wieder auch die Grenzen menschlicher Einsicht und Handlungsmöglichkeiten erkennen lässt. Selbst wenn in beiden Bereichen hinreichend gerechte Verhältnisse erreicht sind, bleiben sie gefährdet durch Machtstreben, Willkür, Nachlässigkeit, durch unterschiedliches Leistungsvermögen, durch Naturkatastrophen und viele andere Einflüsse.[2]

Volle und allseitige G. ist nicht erreichbar. Das mindert aber nicht die Gültigkeit des Anspruches.

„Zuerst und vor allem ist Gerechtigkeit eine Tugend. Das heißt: eine Haltung von Menschen. Gerechtigkeit kann jedem jederzeit und gegenüber jedermann abverlangt werden; denn die Forderung der Gerechtigkeit verlangt nichts anderes als die Relativierung der eigenen Sympathien, Wünsche, Vorlieben und Interessen."[3] - Als *Tugend* bezeichnet man eine hervorragende Eigenschaft oder vorbildliche Haltung, eine als wichtig und erstrebenswert geltende Charaktereigenschaft, die eine Person befähigt, das sittlich Gute zu verwirklichen. In der Folge also ein Handeln, das als wertvoll betrachtet wird.[4]

In erster Linie meint G. ein Kriterium bei der Verteilung knapper Güter. Und dabei ist sie die Tugend dessen, der über Macht verfügt, nämlich die Tugend des Stärkeren, der eben überhaupt über die Möglichkeit verfügt, eine faire, gerechte Verteilung vorzunehmen: *„Gerechtigkeit ist die Anerkennung einer fundamentalen Symmetrie in den Beziehungen von Menschen, und zwar dort, wo es um die Verteilung knapper Güter geht. Diese Symmetrie besteht nicht in einfacher Gleichheit aller; sondern darin, daß Asymmetrien der Rechtfertigung bedürfen. Die Rechtfertigung aber muß von der Art sein, daß jeder; der selbst bereit ist, gerecht zu denken, dieser Asymmetrie zustimmen kann."*[5]

Für den Bereich der personalen G. (die hier beispielhaft im Fokus steht) lässt sich kurz zusammenfassen:[6]

- G. ist bei der Verteilung knapper Güter gefordert und ist die Alternative zum „Recht des Stärkeren".
- Sie ist angewiesen auf den Willen des Einzelnen, gerecht zu handeln, als auch auf vernünftig nachvollziehbare Maßstäbe.
- Der Maßstab ist weder einfach die Gleichbehandlung aller, noch kann er beliebig ausgehandelt werden, sondern berücksichtigt die konkrete Situation jedes Beteiligten und anerkennt die unverfügbare Menschenwürde.
- Sie bindet als Tugend den Stärkeren an allgemeine Rechts- und Fairness- regeln.
- Gerechtes Handeln orientiert sich je nach vorliegendem Kontext an den Prinzipien Gleichheit, Bedürfnis oder Leistung.

Wer gerecht sein will, beachtet die sachlichen, statt die persönlichen Interessen. Sympathien, Hautfarbe, Herkunft, Geschlecht, Alter, Religion usw. dürfen keine Rolle spielen. Je nach Fall und Situation kann also gerecht sein: „Jedem das Gleiche", „Jedem nach seinen Bedürfnissen" oder „Jedem nach seiner Leistung". Dass die Pizza nach dem Gleichheitsprinzip verteilt wird, dürfte unstrittig sein.

Die gleiche Höhe an Taschengeld wird unter den (verschieden alten) Geschwistern in einer Familie dagegen schon nicht mehr als gerecht empfunden werden.

Die Zuteilung nach Leistung gilt weithin in der Arbeitswelt. Auch schulische Noten werden nach diesem Kriterium zugesprochen. Aber wie definiert man angemessen eine Leistung? *„Und dann bleibt die Tatsache bestehen, daß die Qualifikation für bestimmte hochbewertete Leistungen selbst wieder teilweise eine Folge von Glückschancen ist; angefangen von der Begabung bis hin zu der Tatsache, daß der eine durch physische oder psychische Beeinträchtigung daran gehindert ist, etwas zu leisten und der andere nicht."*[7]
Die Orientierung an der Leistung des Betreffenden ist also auch nicht in jedem Falle befriedigend, soll denn G. erreicht werden.

Der dritte Maßstab, der Blick auf die Bedürfnisse eines Menschen, entspricht am ehesten dem christlichen Verständnis von G. Dieses Prinzip verlangt, dass dem, der sich nicht selber helfen kann, durch die Gemeinschaft geholfen werden muss, um seine grundlegenden Bedürfnisse für ein würdiges Leben zu befriedigen. *„Es besagt, daß es nicht ungerecht ist, der Mehrheit die Aufgabe für Aufwendungen hierfür abzuverlangen, und dies nicht erst in der Überflußgesellschaft einer imaginären Zukunft, sondern hier und heute."*[8]
Beispiele hierfür reichen vom Gleichnis über den barmherzigen Samariter (Lukas 10,25-37) bis hin zur sozialen Fürsorge durch den Staat unserer Tage.

Für die Bibel ist G. ein Leitbegriff, denn alle Gottesrede bleibt leeres Geschwätz, wenn sie nicht durch das konkrete Gutsein des Menschen mit Leben gefüllt wird. Sie bedeutet ein Leben und Handeln gemäß dem Willen Gottes und das Eintreten für die Gemeinschaft. *„Seinen Grund hat dieses Tun in Gott, der im Exodus und im Bundesschluss am Sinai sich als der offenbart hat, der sich mit seinem unterdrückten Volk solidarisiert, am Sinai seinen Bund mit ihm geschlossen hat und treu dazu steht. Er ist es, der durch sein Handeln Gerechtigkeit bewirkt und somit den Menschen die Möglichkeit eröffnet, in Freiheit ihrerseits Gerechtes untereinander zu tun – in Korrespondenz genau zu diesem Gott, der sich als vorrangig für die Unterdrückten und Schwachen Partei ergreifend offenbart hat."*[9]

„Es ist dir gesagt worden, Mensch, was gut ist und was der Herr von dir erwartet: nichts anderes als dies: Recht tun, Güte lieben und achtsam mitgehen mit deinem Gott." (Micha 6, 8) Das biblische Verständnis verbindet also G., Güte und Liebe zu einer Einheit. Diese Linie setzt sich im NT konsequent fort, wenn Jesus in der Bergpredigt fordert: *„Sucht aber zuerst sein Reich und seine Gerechtigkeit; dann wird euch alles andere dazugegeben"* (Mt 6,33).

In der Praxis bedeutet G. dann, dafür zu sorgen, dass jedem Menschen das Lebensnotwendige zur Verfügung gestellt wird und niemand aus diesem Verbund der gegenseitigen Fürsorge ausgeschlossen bleibt. Jesus veranschaulicht dieses Prinzip recht provokativ im Gleichnis von den Arbeitern im Weinberg (Mt 20,1-16), ebenso im Gleichnis vom Weltgericht (Mt 25,31-46).

Nicht umsonst gilt die G. in der christlichen Tradition als höchste der Kardinaltugenden (neben Klugheit, Tapferkeit und Mäßigung), die aber nur im Einklang mit der Liebe ihren Sinn erfüllt (vgl. 1 Kor 13).

2. Worum es dabei im Religionsunterricht geht

Bereits Kinder im Vorschulalter zeigen ein intuitives Gerechtigkeitsempfinden. Bis zum Erwachsenenalter durchläuft das Gerechtigkeitsdenken, wie Piaget und Kohlberg gezeigt haben, verschiedene Reifungsphasen. Vereinfacht dargestellt umfasst die Entwicklung sechs Stufen:
- Auf einem ersten vormoralischen Niveau orientieren sich Heranwachsende an Bestrafung und Gehorsam und fragen nach den positiven oder negativen physischen Konsequenzen.
- In einer zweiter, hedonistischen Stufe richtet sich das Handeln nach den eigenen Bedürfnissen.
- Vor dem Hintergrund von Rollenkonformität ist auf Stufe drei das Ideal des „braven Kindes" wirksam; im Mittelpunkt steht nun das Bemühen um die Erfüllung von Erwartungen anderer.
- Auf der vierten Stufe erfolgt die Ausrichtung an „Recht und Ordnung"; das Aufrechterhalten der sozialen Ordnung ist hier zentral.
- Stufe 5 gesteht den Stellenwert von Einzelfällen zu, auch wenn hier noch legalistisch argumentiert wird.
- Auf Stufe 6 schließlich wird aufgrund des eigenen Gewissens entschieden, nach selbst gewählten ethischen Prinzipien.[10]

Ermittelt wurden diese Stufen durch die Auswertung sogenannter Dilemma-Geschichten, die Kindern, Jugendlichen und Erwachsenen vorlegte. Ein „Klassiker" unter diesen Problemstellungen war das „Heinz-Dilemma":

Eine Frau, die an einer besonderen Krebsart erkrankt war, lag im Sterben. Es gab eine Medizin, von der die Ärzte glaubten, sie könne die Frau retten. Es handelte sich um eine besondere Form von Radium, die ein Apotheker in der gleichen Stadt erst kürzlich entdeckt hatte. Die Herstellung war teuer, doch der Apotheker verlangte zehnmal mehr dafür, als ihn die Produktion gekostet hatte. Er hatte 2000 Dollar für das Radium bezahlt und verlangte 20000 Dollar für eine kleine Dosis des Medikaments. Heinz, der Ehemann der kranken Frau, suchte alle seine Bekannten auf, um sich das Geld auszuleihen, und er bemühte sich auch um eine Unterstützung durch die Behörden. Doch er bekam nur 10000 Dollar zusammen, also die Hälfte des verlangten Preises. Er erzählte dem Apotheker, daß seine Frau im Sterben lag, und bat, ihm die Medizin billiger zu verkaufen bzw. ihn den Rest später bezahlen zu lassen. Doch der Apotheker sagte: "Nein, ich habe das Mittel entdeckt, und ich will damit viel Geld verdienen." Heinz hat nun alle legalen Möglichkeiten erschöpft; er ist ganz verzweifelt und überlegt, ob er in die Apotheke einbrechen und das Medikament für seine Frau stehlen soll. Sollte Heinz das Medikament stehlen oder nicht?[11]

Solche Problemfälle provozieren teils heftige Diskussionen, aus denen sich die unterschiedlichen Muster der Begründungen bereits grob ablesen lassen. Die anschließende Konfrontation mit dem Modell der Entwicklungspsychologie ermöglicht den SchülerInnen sowohl den Vergleich mit ihren eigenen Lösungen und Begründungen, als auch die Einsicht in das Entwicklungspotential moralischen Urteilens. Was als gerecht betrachtet wird, darin sollte sich eben ein 7-Jähriger von einem 17-Jährigen unterscheiden. Dennoch meint diese Stufenfolge keinen psychologischen Automatismus. Kein Erwachsener ist selbstverständlich auf der letzten Stufe angekommen. Das Modell erlaubt den Jugendlichen daher auch eine selbstkritische Überprüfung. Auch moralische Reifung bedeutet Arbeit.

Zurück zur Gerechtigkeit. Die anfänglichen Beispielfragen können beliebig erweitert werden, um die oben genannten Grundformen von Gerechtigkeit daraus zu erarbeiten. *Wo macht welches Prinzip von G. Sinn?* Exemplarische Zuordnungen werden die SchülerInnen hinreichend selber finden können, da sich genügend Ereignisfelder anbieten: Geschlecht, Beruf, Bildung, Lohn, Chancen, Familie, Besitz, Steuer, Justiz, Rente, Schule, Sport, Politik usw. *Wo und wie erleben wir in diesen Bereichen Situationen von Ungerechtigkeit?*

Gerade negative Erfahrungen und Beobachtungen verschärfen die Frage nach der G. Eine gezielte Internetrecherche oder die Analyse entsprechender Texte zu diesem Begriff erlaubt eine erste systematische Antwort (siehe oben). Das Feld der personalen G. bliebe hier noch um das der sozialen zu ergänzen.

Bislang befinden sich die Erkundungen noch im Bereich allgemeiner Ethik. Die innere Verbindung von G. und Glaube ist oft noch gedankliches Neuland.

Für Norbert Mette ist es daher notwendig, dass sich „*eine theologische Bestimmung von Gerechtigkeit von einer ethischen unterscheidet: Während bei der Ethik der Akzent auf dem Sollen liegt, liegt er beim Glauben auf dem Können. Die Grunderfahrung des christlichen Glaubens besteht in dem unbedingten Bejahtsein durch Gott, in der vertrauensvollen Gewissheit, von Gott und vor Gott gerechtfertigt zu sein, ohne dafür allererst Vorleistungen erbracht haben zu müssen. Diese Erfahrung befähigt die Menschen dazu, ihrerseits der Rechtfertigung durch Gott zu entsprechen, indem sie anderen so gut wie möglich ebenfalls eine solche Erfahrung zukommen lassen, vor allem denen, denen aufgrund der gegebenen Verhältnisse die Erfahrung von Liebe und Gerechtigkeit verwehrt ist.*"[12]

Dass die G. ein fundamentales Thema für den Glauben ist, dafür lassen sich nun zahlreiche Belege aus der Bibel finden, die für die SchülerInnen zu wirklichen Entdeckungen werden können. Sei es die Religions- und Sozialkritik der Propheten im AT, als auch die herausfordernden Gleichnisse Jesu (z. B. die Arbeiter im Weinberg).[13]

Ziel des Unterrichts ist die Stärkung des Gerechtigkeitssinns und ein informiert-kritisches Bewusstsein für die politischen und wirtschaftlichen Unrechts-strukturen, die einen Teil der Menschheit in Armut und Abhängigkeit gefangen hält, während der andere Teil damit seinen Wohlstand zementiert. Schon der genauere Blick auf Anbau, Herstellung, Verarbeitung, Transport und Handelswege einiger unserer alltäglichen Konsumprodukte (Kaffee, Bananen, Baumwolle, Schokolade usw.) machen den Mangel an G. bewusst.

Abschließend im Klartext: „*Ein christlich glaubender Mensch kann nicht akzeptieren, daß der ökonomische Bereich nur von den ihm eigenen Gesetzen beherrscht wird, wie der Kapitalismus behauptet, der die Geltung moralischer Kategorien im Bereich »unpersönlicher Evolutionsprozesse« (= Marktsysteme) bestreitet.*"[14]

Quellen:

1   https://www.bpb.de/nachschlagen/lexika/das-junge-politik-lexikon/161155/gerechtigkeit
2   Vgl. Richard Geisen: Grundwissen Ethik, Klett, Stuttgart 1995, 174ff
3   Robert Spaemann: Moralische Grundbegriffe, Beck, München 1982, 49
4   Vgl.: https://de.wikipedia.org/wiki/Tugend
5   Spaemann (Anm. 3), 50f
6   Zum Folgenden vgl. Geisen (Anm. 2), 179
7   Spaemann, 59

8 Ebd.
9 aus dem Artikel „Gerechtigkeit" von Norbert Mette, in:
   https://www.bibelwissenschaft.de/stichwort/100209/
   Besonderes Gewicht erhalten hier die Propheten des AT, die beständig die
   ungerechte und damit gottferne soziale Realität in Israel kritisieren.
10 Zitiert nach G. Hilger u.a.: Religionsdidaktik, Kösel, München 2010, 476f
   Siehe auch H. Mendl: Religionsdidaktik kompakt, Kösel, München 2018, 36f.
   Zu den Moralstufen:
   https://arbeitsblaetter.stangl-
   taller.at/MORALISCHEENTWICKLUNG/KohlbergTabelle.shtml
   https://arbeitsblaetter.stangl-taller.at/MORALISCHEENTWICKLUNG/
   https://bildungsserver.berlin-
   brandenburg.de/fileadmin/bbb/zielgruppen/lehramtsanwaerterinnen/kohlberg1.pdf
11 https://arbeitsblaetter.stangl-
   taller.at/MORALISCHEENTWICKLUNG/KohlbergDilemmata.shtml
   Dort finden sich weitere Dilemmageschichten sowie Lösungsvorschläge für die
   Stufenzuordnung.
12 Mette (Anm. 9)
13 Unterrichtliche Hilfen zum Thema G.:
   https://www.rpp-katholisch.de/Materialien/tabid/69/word/gerechtigkeit/sp/1/
   action/search/Default.aspx
   https://material.rpi-virtuell.de/facettierte-suche/?fwp_suche=gerechtigkeit
14 So Herbert Vorgrimler: Neues Theologisches Wörterbuch, Herder,
   Freiburg 2000, 219

Literatur:

- Andreas Benk: Schöpfung – eine Vision von Gerechtigkeit, Grünewald, Ostfildern 2016
- Wolfgang Huber: Ethik. Die Grundfragen unseres Lebens von der Geburt bis zum Tod,
  Beck, München 2013
- Hans Kelsen: Was ist Gerechtigkeit?, Reclam 18076, Stuttgart 2000
- Michael J. Sandel: Gerechtigkeit. Wie wir das Richtige tun, Ullstein, Berlin 2013
- Franz J. Stendebach: Rufer wider den Strom. Sachbuch zu den Propheten Israels,
  Verlag Kath. Bibelwerk, Stuttgart 1985

Verknüpfungen:
→ Gewissen

Anhang: 14-15

2.6 Gewissen

1. Worum es in der Sache geht

Über Gewissenserfahrungen verfügen alle Menschen, bewusst wenigstens ab einem bestimmten Alter. Oft zeigt es sich als „schlechtes G.", einer inneren Regung, die eine aktuelle oder vergangene Handlung negativ bewertet. Hier geschieht eine eigentümliche Selbstbegegnung, die Konfrontation mit einer urteilenden Instanz innerhalb der eigenen Person. Umgekehrt berufen wir uns ganz bewusst auf diese innere Instanz, wenn es um Entscheidungen geht, die wir in völliger Übereinstimmung mit unserer Werte-Überzeugung treffen und die keine (für einen selbst akzeptable) Handlungs-Alternative erlaubt. „Hier stehe ich. Ich kann nicht anders!" – so soll Martin Luther vor dem Reichstag in Worms gesagt haben. Das G. wird somit zur moralischen Letztinstanz, weil es hier um den ganzen Menschen in seiner Lebensgestaltung geht. „Von Gewissen reden heißt, von der Würde des Menschen reden."[1]

Der Begriff G. bleibt jedoch relativ unklar. Die Sache wurde im Laufe der Geschichte recht unterschiedlich verstanden. Die verschiedenen Deutungen des Phänomens (griech. Antike, Paulus, Thomas von Aquin, Luther, Kant, Freud u.a.m.) brauchen jedoch an dieser Stelle nicht referiert zu werden.[2]
Umgangssprachlich dienen eine Reihe von Metaphern zur Umschreibung dieser Erfahrung: innerer Kompass, innere Stimme, interner Gerichtshof, Stimme Gottes u. ä. Alle Benennungen wollen ausdrücken, dass es um eine unbedingte Sollens-Erfahrung geht, die zwar übergangen, aber nicht endgültig geleugnet werden kann. Das G. ist eine bedingungslose Forderung von uns selbst an uns selbst.

Es lässt sich beschreiben „*als eine zweifache geistige Bewegung. Die eine führt den Menschen über sich hinaus. Sie läßt ihn seine eigenen Interessen und Wünsche relativieren, sie läßt ihn fragen nach dem, was an sich gut und richtig ist. Und um sicher zu sein, daß er sich dabei nichts vormacht, muß er mit anderen über das Gute und Gerechte im Austausch leben, in der Gemeinschaft von Sitten. Und er muß Gründe und Gegengründe zur Kenntnis nehmen.*"[3]

Die andere Bewegung führt den Einzelnen wieder ganz auf sich selbst zurück. Er kann „*die Verantwortung für sein Handeln nicht auf andere und auch nicht auf die Sitten seiner Zeit, auf die Anonymität eines Diskurses, eines Austausches von Gründen und Gegengründen abschieben.*"[4] Jeder trägt am Ende die Verantwortung für das eigene Tun oder Unterlassen.

Woher aber kommt das G.? Sämtliche Bemühungen, das G. genetisch, historisch, psychologisch, soziologisch oder pädagogisch zu erklären, münden schließlich wieder in offenen Fragen. Es widersetzt sich einer umfassenden empirischen Erklärung und bleibt damit offen für eine transzendentale Deutung. Es ist vergleichbar einer „Anlage" in jedem Menschen (etwa wie für die Sprache), ein „Organ" für die Unterscheidung von Gut und Böse. Diese „Anlage" bleibt aber graduell stets unterschiedlich entwickelt.

Von der Kindheit bis ins Erwachsenenalter lassen sich grob vier Stadien der Gewissensentwicklung erkennen:[5]
- Orientierung an elementaren Bedürfnissen und Trieben
- Orientierung an Strafe und Belohnung
- Orientierung an Autoritäten
- Orientierung an universalen Grundsätzen
Das impliziert fließende Übergänge, meint aber keinen Automatismus in der Reifung des G. Die letzte Stufe bleibt das ideale Ziel, wird aber wohl nur von Einzelnen oder einer Minderheit realisiert.

Wieweit sind die Ratschlüsse des G. objektiv richtig? Hat es immer Recht? Muss man immer seinem G. folgen?

Sofern der Mensch ein endliches und begrenztes Wesen ist, kann auch das Gewissen nicht immer Recht haben: *„Es zeigt uns die Richtung, es veranlaßt uns, die Perspektive unseres Egoismus zu überschreiten und auf das Allgemeine, das an sich Richtige zu sehen. Aber um dieses in den Blick zu bekommen, dazu bedarf es der Überlegung, der Sachkenntnis, auch der, wenn ich so sagen darf, moralischen Sachkenntnis. (…) Es gibt irrende Gewissen. Es gibt Gewissenstäter, die offensichtlich anderen schweres Unrecht zufügen. Müssen auch sie ihrem Gewissen folgen? Natürlich müssen sie."* [6] Würden sie es nicht tun, verblieben sie in einem Selbstwiderspruch, verrieten somit das, was sie subjektiv für das Richtige gehalten hatten. Tragische Beispiele dafür sind z. B. Selbstmordattentäter.

In aller Deutlichkeit schlussfolgert Reinhold Mokrosch: *„Geht man von der prinzipiellen Irrtumsfähigkeit jedes Gewissens aus, dann gibt es niemanden, der zuverlässig richtig oder falsch urteilen könnte. Dann könnte höchstens eine göttliche Autorität solches Urteil sprechen. Bleibt also jedes Gewissensurteil relativ? Für die Gewissensbildung bedeutet das, Menschen von der Idee abbringen zu müssen, dass es absolut richtige oder absolut falsche Gewissensurteile gibt. Jedes Gewissen sollte sich bewusst machen, dass es nur relativ richtig oder falsch urteilen kann. Das letztgültige Urteil, so meinen Christen, stehe allein Gott zu."* [7]

So kann es auch kein unbezweifelbares Kriterium geben, ein richtiges von einem irrenden G. zu unterscheiden. Spaemann lässt in dieser Unsicherheit vorsichtig nur einen Aspekt gelten: *„Es gibt nur ein einziges Indiz für die Echtheit der Gewissensentscheidung, das ist die Bereitschaft des Betreffenden, eine unangenehme Alternative in Kauf zu nehmen."*[8]

Das G. ist der Ort des bleibenden Ringens um eine letzte Wahrheit, über die wir aber trotz allen Mühens niemals verfügen werden. Diese Offenheit markiert den Bezugspunkt der religiösen Deutung: *„Der Mensch ist kein bloßes Naturwesen, das durch biologische und physikalische Gesetze gelenkt wird, sondern er ist ein freies Wesen, das als Ebenbild Gottes in seiner Freiheit angesprochen und angerufen ist. Der Ort, an dem diese Berufung als ethischer Anspruch erfahren wird, ist das Gewissen."*[9]

Maßgebend für die kirchliche und theologische Neubewertung der Gewissensfreiheit (die das Lehramt lange Zeit bestritten und verurteilt hatte) wurde die Pastoralkonstitution „Die Kirche in der Welt von heute" (Gaudium et spes) des Zweiten Vatikanischen Konzils (1962-1965). Dort heißt es im Abschnitt Nr. 16:
„Im Innern seines Gewissens entdeckt der Mensch ein Gesetz, das er sich nicht selbst gibt, sondern dem er gehorchen muß und dessen Stimme ihn immer zur Liebe und zum Tun des Guten und zur Unterlassung des Bösen anruft und, wo nötig, in den Ohren des Herzens tönt: Tu dies, meide jenes.
Denn der Mensch hat ein Gesetz, das von Gott seinem Herzen eingeschrieben ist, dem zu gehorchen eben seine Würde ist und gemäß dem er gerichtet werden wird. Das Gewissen ist die verborgenste Mitte und das Heiligtum im Menschen, wo er allein ist mit Gott, dessen Stimme in diesem seinem Innersten zu hören ist. (…) Durch die Treue zum Gewissen sind die Christen mit den übrigen Menschen verbunden im Suchen nach der Wahrheit und zur wahrheitsgemäßen Lösung all der vielen moralischen Probleme, die im Leben der Einzelnen wie im gesellschaftlichen Zusammenleben entstehen."[10]

Im Gegensatz zur früheren Auffassung, bei der jeder Katholik den Autoritäten der Kirche den nötigen Gehorsam schuldete, steht nun die Autorität des G. an erster Stelle. Die radikale Konsequenz daraus beschreibt der Moraltheologe Johannes Gründel: *„Einen blinden Gehorsam gegenüber menschlicher Autorität kennt der Christ nicht - auch nicht gegenüber Papst und Bischof. Wenn Christen trotz gründlicher Auseinandersetzung mit einer verkündeten kirchlichen Lehre in einen Gewissenskonflikt geraten und schließlich zu einer Entscheidung gelangen, die sich mit den Forderungen der autoritativ vorgetragenen Lehre der Kirche nicht in*

Einklang bringen lässt (...), dann behält ein solcher Gewissensspruch seine Verbindlichkeit."[11]

So lässt sich nun das G. im Rahmen dieser Skizze (und in unterrichtlicher Perspektive durch folgende Umschreibungen einigermaßen fassen: Es

- ist eine Art innere Stimme, die unser Handeln beurteilt.
- fordert uns auf, „richtig" zu handeln: z. B. Rücksicht zu nehmen, die Wahrheit zu sagen usw.
- verbindet Aufmerksamkeit und Gehorsam, Freiheit und Pflicht.
- reagiert auf unser Fehlverhalten: „schlechtes Gewissen" / „Gewissensbisse".
- ist als „innere Stimme" eigenständig, d. h. wir können sie überhören aber nicht abschaffen.
- stellt eine Anlage dar, die uns als Menschen auszeichnet (Menschenwürde).
- muss als Anlage entwickelt werden, damit es zu einem „mündigen" Gewissen wird.
- verlangt Sachwissen und Nachdenken für eine verantwortliche Entscheidung.
- stellt seine Forderungen „ohne Wenn und Aber", also bedingungs-los
- zeigt uns, dass eigene Wünsche Bedürfnisse und Interessen nicht alles sind.
- macht uns immer wieder klar, dass wir für unser Handeln selber verant-wortlich sind.
- ist der Angelpunkt von Charakter und Identität.
- hat Wurzeln, die über genetische Veranlagung, Erziehung und gesellschaft-liche Einflüsse hinausreichen.
- wird aus christlicher Sicht als „inneres Gesetz" verstanden, dass von Gott „dem Herzen eingeschrieben ist".
- bietet uns eine Orientierung im Handeln, die jedoch einen Irrtum nicht auszu-schließen vermag.

2. Worum es dabei im Religionsunterricht geht

Ein Gespräch über das G. sollte bei den Erfahrungen und Einstellungen der SchülerInnen einsetzen. Viele von ihnen werden schon einmal Entscheidungen getroffen haben, die den Charakter einer Gewissensentscheidung hatten, im privaten, sozialen oder beruflichen Bereich. Schon die Fragen *„Woher weißt Du im Alltag, was richtig oder falsch ist?"* oder „Was würdest Du nie tun?" führen zu (vermutlich gegensätzlichen) Positionierungen über moralische Orientierungen und Grundlagen. Fiktive Situationen, die aber zur Identifikation einladen, intensivieren den Austausch. Ein kleines Beispiel aus der Arbeitswelt: „*Bert S., Computerfreak, hat vor zwei Jahren seine Lehre als Großhandelskaufmann in einer internationalen Chemiehandelsgesellschaft abgeschlossen. Aufgrund seiner Begabung in Informatik ist er bald abteilungs-übergreifend Ansprechpartner für die ständigen Probleme mit neuer Systemsoftware. Durch die Medien erfährt er, dass seine GmbH im Verdacht steht, Giftgasbestandteile über Belgien in den Mittleren Osten verkauft zu haben. Ein Ermittlungsverfahren wird kurz darauf aus Mangel an Beweisen eingestellt. Bert recherchiert auf eigene Faust und erhält Zugang zu Daten, die einige seiner Vorgesetzten eindeutig belasten. Er ist schockiert und unschlüssig. Soll er die Polizei informieren oder sein Wissen für sich behalten?*"[12]

Fallgeschichten dieser Art provozieren zu Stellungnahmen und vor allem zu Begründungen. Deren Analyse belegt rasch, welche zentrale Rolle dabei irgendwelche Werte und Normen einnehmen. *Was sind Werte, woher kommen sie und wieso sind sie wichtig?* Nicht die Gewissensentscheidung als solche steht im Fokus, sondern der Blick darauf, woran sich der Einzelne in seinem G. orientiert. Wieso verzehrt A mit Genuss ein Schnitzel, während B das Töten von Tieren zwecks Verzehr für unverantwortlich hält? Wieso bringt der Eine ein gefundenes Portmonee zum Fundbüro, während der andere Finder es ohne schlechtes G. behält? *Welche Werte sind* mir *wichtig? Woran orientiere ich mich in meinem Verhalten?*

Da jeder von uns bereits durch Erziehung, Kultur, Zeitgeist und Religion eine moralische Prägung erhalten hat, liegt ein wichtiger Schritt in deren Bewusstwerdung. Insbesondere die religiösen Bindungen des G. lassen sich als umfassende Optionen nun sichten und vergleichen. Einen besonderen Platz im Kontext des Christentums erhalten dabei die Zehn Gebote, die Bergpredigt sowie das Doppelgebot der Liebe.

Quellen:

1 Robert Spaemann: Moralische Grundbegriffe, C. H. Beck, München 1982, 74
2 Vgl. dazu den Artikel „Gewissen/Gewissensbildung" von Reinhold Mokrosch: https://www.bibelwissenschaft.de/de/stichwort/100061/ sowie den entsprechenden Wikipedia-Artikel: https://de.wikipedia.org/wiki/Gewissen
3 Spaemann (Anm. 1), 75f
4 Ebd., 76
5 Siehe dazu Wolfgang Bender/Helga Offermanns, sehen werten handeln. Ethik, BSV, München 1994, S. 314-316. Den Hintergrund dazu bilde die Stufenbeschreibung moralischen Urteilens von Lawrence Kohlberg.
6 Spaemann, 81f
7 Mokrosch (Anm. 2)
8 Spaemann, 84
9 Katholischer Erwachsenen-Katechismus, herausgegeben von der Deutschen Bischofskonferenz, Bd. 2: Leben aus dem Glauben, Bonn 1995, 128
10 http://www.vatican.va/archive/hist_councils/ii_vatican_council/documents/vat-ii_const_19651207_gaudium-et-spes_ge.html
11 Johannes Gründel: Person und Gewissen. in: Ders. (Hrsg.): Leben aus christlicher Verantwortung. Bd. 1, Patmos, Düsseldorf 1991, 79
12 aus: Stephan Ernst / Ägidius Engel: Grundkurs christliche Ethik, Kösel, München 1998, 96 (gekürzt, ergänzt). Dort auch weitere Beispiele.

Literatur:

- Peter Fonk: Das Gewissen, Topos-TB 543, Pustet, Regensburg 2004
- Plasch Spescha: Mündiges Christsein, Paulusverlag, Freiburg (CH) 1992
- Eberhard Schockenhoff / Christiane Florin: Gewissen. Eine Gebrauchsanweisung, Herder, Freiburg 2009
- Bernhard Sill: Phänomen Gewissen, Morus, Hildesheim 1994

Verknüpfungen:

→ Freiheit, → Mensch, → Zehn Gebote

Anhang: 16-18

2.7 Glaube

1. Worum es in der Sache geht

G. ist ein komplexer Begriff. Damit einigermaßen Klarheit herrscht, worüber in der Sache gesprochen wird, macht es Sinn, zwischen dem alltäglichen (säkularen) und dem religiösen (in unserem Falle: christlichen) Gebrauch des Begriffes deutlich zu unterscheiden.[1]

In der alltäglichen Kommunikation wird meist von „glauben" gesprochen, wenn ausgedrückt werden soll, es gehe gerade eher um ein Meinen, ein Vermuten, ein Nicht-genau-Wissen, ein Für-wahr-Halten. Das zeigt schon die vorhandene sprachliche Unschärfe, markiert aber auch die Intention des Ausdrucks als eines defizitären Wissens. Unreflektiert wird als Messlatte ein Wissensbegriff vorausgesetzt, der absolute Gewissheit in der Sache suggeriert. Ob diese Sicherheit im Erkennen überhaupt möglich ist, sei hier dahingestellt. Dieser weltliche Wortgebrauch enthält nochmals eine unterscheidbare Doppelung. Vielfach geht es nämlich darum, dass eine *sachbezogene* Aussage geglaubt werden soll: „Ich glaube, es wird heute noch regnen." Andererseits geht es um *personenbezogene* Aussagen, die quasi fordern, geglaubt zu werden: „Ich glaube dir!", „Ich glaube an dich!" oder „Ich liebe dich!". Zwischen diesem „An-etwas-glauben" und dem „Jemandem-glauben" bzw. „An-jemanden-glauben" liegt schon ein breiter Graben. In einer Sache lässt sich in der Regel die gewünschte Klarheit und Sicherheit erreichen. Zwischen Personen lässt sich eine solche beweisbare und objektive Gewissheit nicht herstellen. Da erweist sich, das G. immer eine dialogische Angelegenheit ist, die eine Vertrauensbeziehung und darin die bedingungslose Glaubwürdigkeit des Gegenübers voraussetzt, ohne die ein gegenseitiges „glauben" nicht möglich wird.

Die alltägliche G. wird folglich von jedem von uns ständig praktiziert. Ein Leben ohne die Bereitschaft zu glauben, ist faktisch nicht durchführbar, insbesondere dort, wo es um zwischenmenschliche Beziehungen geht. Freundschaften und Liebesverhältnisse basieren geradezu darauf. In diesem Sinne kann es einen rundum nichtgläubigen Menschen nicht geben. „Zu glauben ist schwer, nichts zu glauben ist unmöglich." (Victor Hugo)

Dass G. im eigentliche Sinne kein Für-wahr-halten bedeutet, macht die Unterscheidung von Hubertus Halbfas deutlich: *„Ob ich eine Information als richtig, angemessen oder erwiesen ansehe, mag nach verschiedenen Gesichtspunkten zu beurteilen sein, stellt aber keinen Glaubensakt dar. Anders ist es mit der Frage, wie ich mich selbst und mein Leben verstehe, was meine* *leitenden Überzeugungen sind. Darin geht es um Grundentscheidungen, nach denen das eigene Leben, die persönlichen Beziehungen, der Beruf, Stellung und Engagement in der Gesellschaft ausgerichtet werden: Ob ich zu mir selbst ja sagen kann, meine konkrete Lebenssituation annehme und darüber hinaus Geschichte und Welt als lebenswert betrachte. Solche Fragen verlangen im Verlauf des bewußten Lebens eine Entscheidung, die sich aus keiner Wissenschaft, weder aus exakter Forschung noch geschichtlichen Kenntnissen ableiten läßt.*"[2]

Was meint nun der Begriff im christlichen Sinn? In der oben beschriebenen Grundkonstellation einer Vertrauensbekundung zwischen Personen ist auch der religiöse G. der jüdisch-christlichen Tradition zu verstehen, hier jedoch bezogen auf die Zeugen der Offenbarung Gottes, die dem Gläubigen eben als glaubwürdig erscheinen. Dabei gilt es aber gleich ein mögliches Missverständnis des religiösen Glaubens auszuräumen, denn es wäre irrig, *„würde man ihn als willentliche Zustimmung zu einer Lehre oder Information im Bereich der Vernunft verstehen, bei der Gott (oder die ihn vertretende kirchliche Autorität) ein äußerlich bleibendes Glaubensmotiv bliebe. Die Kundgabe des biblischen Gottes ruft alle Dimensionen des Menschen an und sucht sie auf diesen Gott hin zu orientieren, und zwar aus dem Grund, weil sie Liebe ist.*"[3]

Der theologische Glaubensbegriff bedeutet konsequenterweise, dass der G. 1. die Antwort des Menschen ist auf die vorausgehende Selbstoffenbarung Gottes, 2. dass er somit ein Geschenk der erleuchtenden Gnade Gottes ist, 3. aber trotzdem eine freie und zu verantwortende Aktivität des Menschen bleibt, und 4. als Begegnungsgeschehen auf die Gemeinschaft und Freundschaft mit Gott hinorientiert ist.[4] Mitgedacht sind dabei stets die praktischen Perspektiven des Miteinanders und der Ethik. Niemand glaubt nur als Einzelner, der G. ruft intellektuell und emotional nach Geselligkeit, nach Austausch, gemeinsamer Feier, nach kollektiven Ritualen, Gebeten usw. Andererseits verlangt der G. nach entsprechender Lebenspraxis, wie etwa der G. an die Gottebenbildlichkeit des Menschen bestimmte Handlungen ge- oder verbietet, wie sie im Dekalog aufgeführt sind.

Wenn also der G., das Glaubenkönnen, letztlich als göttliches Geschenk betrachtet werden muss, so geschieht das allerdings nicht ohne aktuelle zwischenmenschliche Vermittlung. Religionspädagogisch gesprochen: G. ist zwar nicht lehrbar, aber lernbar. *„Lehrbar ist die fides quae, deren Inhalte allein jedoch noch keine Perspektive des Glaubens eröffnen. Die Gottesbeziehung dagegen ist didaktisch weder verfügbar noch planbar, sondern unableitbar. Lehre und Lernen sind keineswegs ohne Sinn, sondern begünstigen eine Glaubensbildung und -entwicklung, die nur ,im Kontext menschlicher Lern- und Reifungs-*

prozesse' (Werbick) und auf der Grundlage vermittelter Kenntnis möglich ist.[5] Im Hintergrund steht hier die auf Augustinus zurückgehende Unterscheidung zwischen der „fides quae creditur" (dem inhaltlich geglaubten Glauben, der Lehre) und der „fides qua creditur" (dem Glaubensakt als solchem). Der G. soll nicht eine irrationale Zustimmung zur Glaubensüberlieferung sein, sondern aus vernunftgemäßer Einsicht geschehen. Denken und Glauben bilden keine Gegensätze, sondern stützen sich gegenseitig. Nichts soll geglaubt werden, was nicht vor dem Forum der Vernunft bestehen kann.

Der G. bleibt letztlich ein Wagnis, ein fragender, suchender, angefochtener G., der auf dem Weg ist. Die konkreten Lebenserfahrungen in dieser Welt stehen dem G. vielfach entgegen, lassen ihn angesichts der andersartigen Realität schon weltfremd und unsinnig erscheinen. In ungeschminkter Deutlichkeit ist darum festzuhalten: *„Christlicher Glaube gibt keine fertigen Antworten auf die großen Fragen – aber er hält diese Fragen wach und weigert sich, diese zu verdrängen. Dieser Glaube bricht vermeintliche Selbstverständlichkeiten auf, reißt uns aus Scheinsicherheiten, sucht Antworten und bietet unterschiedliche, zuweilen auch verschiedene Antwortversuche an. (…) Christlicher Glaube hält nicht nur die großen Fragen nach Sinn und Bestimmung der Welt wach, sondern stellt ganz konkret unsere Lebensumstände infrage. Er verdrängt nicht die unerträgliche Zerrissenheit unserer Welt: Was ist, ist nicht gut und nicht gerecht. Was ist, könnte und müsste nach dem Willen Gottes anders, ganz anders sein: menschlicher, lebensfreundlicher und vor allem gerechter — gerade im Hinblick auf das Los der gesellschaftlich Marginalisierten und Benachteiligten.*[6]

G. als allesumfassender, gottorientierter Lebensentwurf und als praxisleitende Lebenseinstellung, die für Mensch und Welt das Beste will, das ist genau die Situation der biblischen Kronzeugen. Abraham, der „Vater des Glaubens" (Römer 4,16; Hebräer 11,8ff) ist das Vorbild für unerschütterliches Gottvertrauen (Genesis 12,1-3; 15,6). Die spätere Geschichte Israels spiegelt immer wieder das dramatische Ringen um die Zuwendung des Volkes zum Heilsversprechen Gottes. Der Abfall vom Glauben ruft dann die harsche Kritik der Propheten auf den Plan.[7]

Auch für das NT bedeutet der G., sich in absolutem Vertrauen und Gehorsam in Gott festzumachen: *„Glaube aber ist: Grundlage dessen, was man erhofft, ein Zutagetreten von Tatsachen, die man nicht sieht"* (Hebräer 11,1). Gleich im nächsten Kapitel (12,1f) fährt Paulus fort: *„Darum wollen auch wir, die wir eine solche Wolke von Zeugen um uns haben, alle Last und die Sünde abwerfen, die uns so leicht umstrickt. Lasst uns mit Ausdauer in dem Wettkampf laufen, der vor uns liegt, und dabei auf Jesus blicken, den Urheber und Vollender des Glaubens."* Dass er diesen Glauben an Christus nicht aus sich selber hat, sondern er von einer Offenbarung überwältigt wurde (Apostelgeschichte 9), betont er ausgiebig im Galaterbrief (1,10-16).

Jesus ist der große Motivator des Glaubens. Durch seine Predigten und sein Handeln (Wunder) weckt er in den Menschen die Bereitschaft, sich der heilenden und befreienden Nähe Gottes anzuvertrauen. In der Begegnung mit Jesus wird für sie Gott als liebender und barmherziger erfahrbar. Aus dem „Urheber" des Glaubens wird mit der Zeit selber das „Objekt" des Glaubens. Wer an ihn glaubt, sieht in ihm den Vater (Johannes 14,10f): *„Glaubst du nicht, dass ich im Vater bin und dass der Vater in mir ist? Die Worte, die ich zu euch sage, habe ich nicht aus mir selbst. Der Vater, der in mir bleibt, vollbringt seine Werke."*

An Gott glauben bedeutet nun, an das mit Jesus begonnene „neue Leben", das Reich Gottes zu glauben, das Gott einst vollenden wird.

2. Worum es dabei im Religionsunterricht geht

Wenn wir von den anzustrebenden Kompetenzen bei diesem Unterrichtsthema ausgehen, so geben sie einige Anhaltspunkte für eine sachgerechte und didaktisch sinnvolle Schrittfolge:
1. Die Sprache über Dinge und Personen als eine Mischung von Fakten und Deutungen erkennen und analysieren können sowie Akte des Glaubens darin identifizieren lernen.
2. Die Begrenztheit einer äußerlichen Faktenbeschreibung erkennen und die Unumgänglichkeit des (säkularen) Glaubens im zwischenmenschlichen Bereich bewusst erfassen. Im Kontrast dazu die Option des religiösen Glaubens als umfassende Orientierung zur Weltdeutung und Lebensgestaltung einordnen können.
3. Den religiösen Glauben als konsequente, wenn auch wesenhaft andere Weiterführung der alltäglichen Glaubensbereitschaft entdecken und im kommunikativen Miteinander kritisch und konstruktiv gestalten.

Insbesondere der religiöse Glaube steht nicht nur bei jungen Leuten unter dem Verdacht, eine irrationale, teilweise weltfremde oder gar zum Fanatismus neigende Orientierung an alten Traditionen und Texten zu sein. Einem vernünftig denkenden Menschen, der über eine wissenschaftliche Bildung verfüge, könne eine solches Konstrukt über die Wahrheit von Welt und Mensch nicht mehr genügen. Zu vieles in den als „heilig" erklärten Texten, bleibt unverständlich und wirkt antiquiert, jedenfalls nicht mehr tauglich für eine Lebenspraxis im 21. Jahrhundert. Die Auseinandersetzung mit den zentralen Inhalten der Religion stößt gerade bei Jugendlichen auf eine facettenreiche Skepsis und Kritik. Diese gilt es ernst zu nehmen. Dass es beim Thema G. aber gar nicht allein und direkt um Religion gehen muss, sollte ein erster Lernschritt aufzeigen. Glaube liegt unserem alltäglichen Leben näher als viele meinen. Einen Menschen, der gar nichts glaubt, kann es (wie oben gezeigt) letztlich nicht geben.[8] Also der provokante Einwurf der Behauptung „Einen nichtgläubigen Menschen gibt es nicht!" erlaubt im Gespräch eine erste Differenzierung des Begriffes.

Die Analyse des Alltagsglaubens lässt sich ggf. auch mit eine paar Beispielsätzen durchführen:

1. *Herr Lehmann glaubt seinem Arzt, dass das Medikament ihm helfen wird.*
2. *Frau Müller glaubt, dass sie die Krankheit aus dem Urlaub mitgebracht hat.*
3. *Kerstin glaubt, dass ihr Zug pünktlich ankommen wird.*
4. *Juden, Christen und Muslime glauben an denselben Gott.*
5. *Kleinkinder glauben immer, dass ihre Eltern die Wahrheit sagen.*
6. *Julia glaubt fest daran, dass ihr Freund sie liebt.*
7. *Herr Hartmann glaubt, dass es andere Zivilisationen im Weltall gibt.*
8. *In allen Religionen glauben die Menschen an ein Weiterleben nach dem Tod.*
9. *Petra glaubt fest daran, dass ihr Freund sie nicht im Stich lassen wird.*
10. *Leon glaubte bei der Nachricht an einen Aprilscherz.*

Welche Unterscheidungen in Sachen Glaube lassen diese Sätze erkennen? (Unterteilung in die Bereiche: Sachwissen, Beziehung, Religion). Klar soll werden (in Verbindung mit den Erfahrungen der SchülerInnen!), dass G. im Sinne von Vertrauen im Kontext zwischenmenschlicher Beziehungen unverzichtbar und unersetzbar ist. Liebe und Freundschaft bleiben ein existenzielles Wagnis.

Eine kleine Zwischenbilanz über den variablen Sprachgebrauch ließe sich etwa so benennen:

1. Bedeutung = *meinen, annehmen, vermuten, nicht sicher wissen.*
   (Beispiel: „Es wird gleich regnen.")
2. Bedeutung = *etwas für wahr halten, das objektiv richtig ist, was ich aber nicht überprüfen kann.*
   (Beispiel: „Der Mount Everest ist 8848 Meter hoch.")
3. Bedeutung = *persönliche Überzeugung von einer Wahrheit, zu der ich durch Nachdenken und Erfahrung gelangt bin.*
   (Beispiel: „Meine Freundin liebt mich.")

Nochmals erweitert in Richtung des religiösen Glaubens lassen sich grob drei Stufen des Glaubens beschreiben[9]: Grundlegend ist der „Existenz-Glaube", der sich auf die eigene Person richtet, auf die Verlässlichkeit der Wahrnehmungen. Auch eine tiefere Wahrnehmung von unbedingter Verpflichtung (moralischer Sollens-Anspruch) und einer letzten (subjektiven) Gewissheit sowie der Suche nach Sinn. Darauf baut der „Transzendenz-Glaube" auf, der die Bereiche Freundschaft, Liebe und Treue umfasst, aber auch die Zukunft. Hier verortet sich auch ein ganz allgemeiner G. an Gott, Göttliches und ein Jenseits. Erst auf diesem Hintergrund konkretisiert sich ein „Konfessions-Glaube" evangelischer, katholischer, muslimischer oder sonstiger Prägung. Diese Unterteilung wäre grafisch in konzentrischen Kreisen darzustellen, deren Mitte eben der religiöse G. bildet.

Wenn nach den bisherigen Schritten die oben genannten Zielkompetenzen bei den SchülerInnen wenigstens in Grundzügen verankert sind, ist der Boden bereitet, die Frage nach der Religion bzw. nach den inhaltlichen Kernpunkten des christlichen Bekenntnisses zu stellen. Auch dazu kann noch eine kleine Reflexion als Zwischenschritt hilfreich sein. Die nachfolgenden Impulse sollten zuerst in Einzelarbeit beantwortet werden, können ggf. anschließend in eine vergleichende Gruppenarbeit übergehen. Weniger die Antworten als vielmehr die Begrün-dungen der Standpunkte werden bewusstmachen, wie sehr es dabei um ganzheitliche Deutungen und Lebenskonzepte geht, die allesamt auf der Basis des Glaubens angesiedelt sind.

Ich glaube, dass …
- ich in 10 Jahren besser leben werde als heute.
- mein Schicksal vorherbestimmt ist.
- es sich lohnt, ehrlich zu sein.
- ich die Abschlussprüfung schaffen werde.
- die Wissenschaft irgendwann alle Rätsel lösen wird.
- alle Religionen gleich gut sind.
- das Leben nach dem Tod irgendwie weitergeht.
- die Sterne Einfluss auf unser Leben haben.
- es übersinnliche Mächte gibt.
- am Ende das Gute siegt.

So konkretisiert sich hoffentlich am Ende die vergleichende Metapher von Hans Küng: Der Glaube an Gott ist so wie das Wagnis des Schwimmens: Man muss sich dem Element anvertrauen und sehen, ob es trägt.

Quellen:

1 Zum Folgenden vgl. insgesamt: Margit Eckholt: Art. Glaube/Vertrauen, in: Christine Büchner/Gerrit Spallek (Hg.): Auf den Punkt gebracht. Grundbegriffe der Theologie, Grünewald, Ostfildern 2017, 91-103; der Art. Glaube/Vertrauen (mehrere Autoren) in: Neues Handbuch Theologischer Grundbegriffe, herausgegeben von Peter Eicher, Kösel, München 2005, 17-39; Hubertus Halbfas: Der Glaube, Patmos, Ostfildern 2010; Herbert Vorgrimler: Neues Theologisches Wörterbuch, Herder, Freiburg 2000, 230-233.
2 Hubertus Halbfas: Das Christentum, Patmos, Düsseldorf 2004, 354
3 Vorgrimler (Anm. 1), 230
4 Vgl. Katholischer Erwachsenen-Katechismus, herausgegeben von der Deutschen Bischofskonferenz, Kevelaer 1985, 42f
5 Alexander Schimmel: Art. Glaube, in: WiReLex, siehe: http://www.bibelwissenschaft.de/stichwort/100062/
6 Andreas Benk: Schöpfung – eine Vision von Gerechtigkeit, Grünewald, Ostfildern 2016, 159
7 Genauer bei Renate Brandscheidt: Art. Glaube (AT) im WiBiLex, siehe: https://www.bibelwissenschaft.de/stichwort/19652/
8 Vgl. zum Folgenden dem Unterrichtsvorschlag von Reiner Jungnitsch: Hinwege zum Glauben, BoD, Norderstedt 2018, 23-38
9 nach: Martin Lechner: Brenn-Punkte. Religionssensible Erziehung in der Praxis, Don Bosco, München 2011

Literatur:

- Klaus Douglas: Glaube hat Gründe, Kreuz, Freiburg 2010
- Erich Fromm: Die Kunst des Liebens, DVA, Stuttgart 1956/1980
- Klaus-Peter Jörns: Update für den Glauben, GVH, Gütersloh 2012
- Richard Rohr: Das entfesselte Buch, Herder, Freiburg 1990
- Ulrich Schnabel: Die Vermessung des Glaubens, Blessing, München 2008
- Norbert Scholl: Glauben im Zweifel, L. Schneider, Darmstadt 2016
- David Foster Wallace: Das hier ist Wasser, KiWi 1272, Köln 2012 (bes. 30f)
- Heinz Zahrnt: Gotteswende, Serie Piper 1552, München 1992

Verknüpfungen:

→ Gott/Gottesbilder, → Gottesbeweise, → Religion

Anhang: 19-20

2.8 Gott/Gottesbilder

1. Worum es in der Sache geht

Von G. gibt es keine gültige Definition, keine hinreichende Beschreibung, keine sinnliche Wahrnehmung und keinen zwingenden Beweis.[1] Von G. kann letztlich nur im Modus der Erfahrung gesprochen werden: *„Gott ist der Inhalt einer menschlichen Erfahrung, die sich von anderen Erfahrungen dadurch unterscheidet, daß bei der Gotteserfahrung die Realität des Inhalts dieser Erfahrung allein durch die Realität der Erfahrung verbürgt ist."*[2] Diese Erfahrungen sind immer persönlich, also subjektiv und entziehen sich immer der objektiven Betrachtung und Beweismöglichkeit. Es geht dabei oft um sogenannte Grenz- oder Tiefenerfahrungen der eigenen Fraglichkeit, der Freude, Trauer, Angst, Hoffnung, des Anspruchs im Gewissen usw. Denn Menschen *„bringen ihre Sehnsucht, das Leben möge sich nicht im Vorfindlichen erschöpfen, mit der Vokabel Gott zum Ausdruck und nennen mit ihr einen letzten Grund, in dem ihr Dasein aufgehoben ist, und einen letzten Horizont, auf den hin ihr Dasein ausgespannt ist. Dieser Daseinsgrund aber bleibt ein unbegreifliches Geheimnis."*[3] Die Theologie spricht hier von Transzendenz-Erfahrungen, da sie über den Bereich der gewohnten Alltagsroutine, der empirischen Sinnlichkeit hinausweisen auf einen darin anwesenden und tragenden Grund des Daseins.

Diese Erfahrungen nähren die Perspektive, es möge „mehr als alles" geben. Aber dieser Grund ist nicht wirklich zu durchschauen, nicht unserem Wollen verfügbar. Dennoch bemühen sich die Menschen das Unsagbare irgendwie zu benennen und ansatzweise (be)greifbar zu machen, was unvermeidlich zu ganz unterschiedlichen Interpretationen führt. Man kann diesen Grund, *„dieses Woraufhin der menschlichen Transzendenz das Sein schlechthin, das Geheimnis oder, bei Betonung der Freiheit des Erkennenden, das absolute Gut, den Grund absoluter ethischer Verpflichtung, das ‚absolute personale Du' oder ‚Gott' nennen".*[4] Aber jede Deutung ereignet sich faktisch im Kontext der je eigenen Biografie, der kulturell geprägten Vorstellungs-, Sprach- und Bilderwelt. Gottesbilder sind, psychologisch ausgedrückt, immer verräterische Spiegelbilder des (individuellen und kollektiven) Erlebens und Reflektierens. Die Inhalte solcher Bilder sagen also mehr über den Menschen als über das Wesen Gottes.

Alle Gottesbilder bleiben also menschengemachte Konstruktionen, vorläufige Entwürfe, die keinen endgültigen Anspruch erheben können und als dynamische Gebilde offen bleiben müssen für Veränderungen und Weiterentwicklungen.[5] In ihrer Wirksamkeit sind Gottesbilder aber weder beiläufig noch harmlos, denn

„*Gottesbilder können sich heilsam auf unser Leben auswirken und unseren Lebensalltag enorm bereichern. Gottesbilder können aber auch pathologische Nebenwirkungen entfalten, indem sie uns psychisch krank oder zu einem gewalttätigen Risikofaktor für unsere Mitmenschen machen.*"[6]

Daneben stehen Gottesbilder auch in der Gefahr, Gott einem privaten oder gesellschaftlich dienlichen Zweck zu unterwerfen: „*Weil die Bauern am guten Wetter interessiert waren, wurde Gott für sie zum Wettergott; weil die Soldaten sich den Sieg wünschten, riefen sie Gott als den Schlachtenlenker an; weil die Herren ihre Macht zu erhalten trachteten, beriefen sie sich auf Gott als den Hüter der Ordnung; weil die Besitzenden ihren Besitz zu rechtfertigen suchten, nannten sie Gott den Geber aller guten Gaben; weil die Armen und Unterdrückten sich nach Gerechtigkeit und Freiheit sehnten, riefen sie das Reich Gottes als klassenlose Gesellschaft aus.*"[7] Gott bleibt so ein unglaubwürdiger Lückenbüßer, der eher den Weg zum Atheismus ebnet. Zudem haben sich solche Vorstellungen weit von den ursprünglichen Impulsen der biblischen Botschaft entfernt.

Schon im Dekalog war klar ausgedrückt „Du sollst Dir kein Bildnis machen" (Ex 20,4), womit jedoch nicht ausgeschlossen war, sich eine Vorstellung von G. zu machen, sondern sich hölzerne oder steinerne Kultbilder anzufertigen und damit ein bestimmtes Gottesbild absolut zu setzen. Das AT bietet eine Vielzahl von Gottesbildern, jedoch keinen definierenden Gottesbegriff und eben kein einheitliches Gottesbild. In drei Schlüsselerfahrungen erzählt und deutet Israel seine Erfahrungen mit seinem Gott:
1. Die Offenbarungen gegenüber den „Erzvätern" des Volkes, wo es um die Verheißung von Schutz und Führung, reiche Nachkommenschaft und zugesagten Landbesitz geht.
2. Die große und prägende Erfahrung der Befreiung aus der ägyptischen Knechtschaft, die als Eingreifen Gottes in das Schicksal des Volkes gedeutet wird. Damit begründet sich die Geschichte als auserwähltes Volk, das sich exklusiv zu diesem Gott bekennt.
3. Die während des Exodus sich ereignenden Gotteserscheinungen als Naturphänomene (Gott in Wolken- und Feuersäule, Spaltung des Meeres, Versorgung mit Wasser und Speise in der Wüste, Gotteserscheinung auf dem Berg Sinai mit Verkündung der göttlichen Gebote, Ex 14-20). Hierin festigt sich der Bund zwischen Gott und Israel, das seine gesellschaftlichen Rechtsvorschriften nun als Anwendung des göttlichen Willens versteht.

Herbert Vorgrimler hebt nochmals hervor, dass diese Grunderfahrungen nahelegen, „*daß die adäquate Haltung diesem Gott gegenüber die der vertrauenden Hoffnung (und nicht etwa der Kult) ist, daß Gott sich nicht abbilden läßt und daß er keine feste Bindung an einen Ort eingeht, sondern mit dem wandernden Volk unterwegs ist. Der späteren Reflexion wird deutlich, daß die*

Menschen Bild und Ort Gottes sind (Gottebenbildlichkeit). Aus den Gotteserfahrungen Israels ergibt sich nicht, wie und was Gott an sich ist."[8]

Die vielfältigen Gottesbilder – G. als Schöpfer, Weltenherrscher, König, Richter, Rächer, Herr der Heerscharen, Hirte usw. – sind aufgrund der patriarchalen Gesellschaftsstruktur vornehmlich männlich. Weibliche Metaphern für G. blieben bedingt durch männliche Tradierungsmacht lange unbeachtet: z. B. G. als Mutter (Jes 49,15) oder als Trösterin (Jes 66,13).

Der G., von dem später Jesus spricht, ist genau der G. des Alten Testaments. Der Mann aus Nazareth verdeutlicht sein Gottesverständnis in Gleichnissen, die dem Alltag seiner Zuhörer angepasst sind. *„Für Jesus ist Gott alles andere als fern, er ist kein Herr, kein himmlischer König, kein Allmächtiger, sondern er ist das, was kaum jemand – und schon gar nicht ein frommer Mensch – von ihm je sagen würde: Er ist das Allerselbstverständlichste. Er ist Feigenbaum, Acker, Weg, menschliches Gesicht – also alles, was wir vor Augen und um uns herum haben. Fast alle Gleichnisse, die Jesus erzählt, sprechen vom Reich Gottes und haben darum diese Pointe. Gott ist überall, und daher ist er vor allem dort, wo wir ihn am allerwenigsten vermuten: direkt vor und bei uns.*"[9] Für Jesus steht die unbedingte Zuwendung Gottes zum Menschen und zur Welt im Vordergrund, seine Liebe, für die jeder Einzelne sich öffnen und sie weiterreichen soll. Das klingt einfach, wenn auch anspruchsvoll. Doch Jesu Rede von Liebe hat nichts mit betulicher Gefühlsduselei zu tun, sie ist sogar zutiefst verstörend wirkt, sofern sie wirklich verstanden und ernstgenommen wird. *„Das Gott Liebe ist, dass wir geliebt sind und selbst lieben sollen, das widerspricht unserer Auffassung von Moral, Gerechtigkeit und Religion. Denn Liebe kennt keine Regeln, und damit erteilt sie unserem tiefen Bedürfnis nach dem fairen Ausgleich eine glatte Absage.(…) Dieser Gott ist der Gott einer radikal konsequenten Verbundenheit allen Lebens, die nur wenige Große der Religion so haben nachvollziehen können. Das religiöse Normalbewusstsein dagegen setzt auf seine Heiligen, Priester, Gebetsrituale und dogmatischen Glaubenssätze.*"[10]

Dieser „Gott des Lebens" ist konsequent auf der Seite der religiös und gesellschaftlich Benachteiligten und Ausgegrenzten, der Sünder, der Armen und Kranken sowie derer, die am Rand der menschlichen Gemeinschaft stehen. Jesus verkörpert diese heilsame Liebe Gottes und zeigt dadurch, wer Gott ist. Später wird man ihn deshalb als das „menschgewordene Wort Gottes", als „Sohn Gottes" und „Messias" bezeichnen, um die Unüberbietbarkeit der Wahrnehmung Gottes in diesem konkreten Menschen auszudrücken. Alle christliche Gottesrede verankert sich ausschließlich an Jesu Leben und Lehre.

Aus der langen theologischen Reflexion über das Wort „Gott" gilt es heute eher abgrenzend deutlich machen, was der christliche Glaube eben *nicht* unter G. versteht:[11]

- G. ist kein „außerirdisches", geistig-unsichtbares oberstes Wesen, das irgendwo im Kosmos bzw. jenseits dessen wohnt und von dort aus alles überblickt und beherrscht.

- G. ist kein oberster Weltbaumeister, der das Uhrwerk dieser Welt einst in Gang gesetzt hat, es seitdem seinem eigenen Lauf nach den gegebenen Gesetzen überlässt.

- G. ist auch nicht die letzte Tiefendimension der menschlichen Seele, unseres Geistes oder gar der gesamten Wirklichkeit, der wir durch intensivstes Nach-Innen-Schauen auf die Spur kommen können, sie dadurch als die höchste Qualität der Dinge ausmachen können.

- G. ist nicht gleichbedeutend mit einer Utopie, in der die Welt von aller Unterdrückung und Friedlosigkeit befreit ist, wobei durch unser Handeln gemäß dieser Leitidee die Menschheit zu einem versöhnenden und alle Entfremdung beseitigenden Ende geführt werden soll.

- G. ist überhaupt kein Teil, kein Zustand, keine Eigenschaft unserer weltlichen Wirklichkeit. G. gehört nicht in die Zusammenhänge unserer Wirklichkeit, die wir mit Sinnen und Verstand begreifen können.

Der „Ort" der Gottesbegegnung ist und bleibt die Liebe zu Welt und Mitgeschöpf. Darin offenbart sich etwas von der verborgenen, aber allgegenwärtigen Güte, *„die in personal-freier Zuwendung sich so verströmt, daß unsere erfahrbare Wirklichkeit durch die geschenkte Teilhabe an ihr überhaupt erst ihr eigenes Dasein und ihre Gestalt, ihre Wahrheit und ihr Gutsein erhält."*[12]

Einen Stolperstein in der christlichen Gottesrede bildet immer wieder das Bekenntnis zum dreifaltigen, trinitarischen G. Der Kontrast zum scheinbar eindeutigeren Monotheismus im Judentum und Islam liegt jedoch nur in der spezifischen Ausprägung des Glaubens an den einen und einzigen Gott. Wie es zu dieser Modifizierung des monotheistischen Credos kam, versucht Wilfried Härle mit einfachen Worten zu erläutern: *„Da trat Jesus auf und erzählte den Menschen von Gott, lebte mit ihnen zusammen, vergab ihnen ihre Sünden und heilte Kranke. Und nach einer Weile sprach es sich bei immer mehr Menschen herum: Dieser Jesus tut das, was wir uns von Gott erhoffen. Er gleicht Gott. Ja, er verkörpert offenbar Gottes Wesen in Menschengestalt. Da hatten sie Gott zweifach. Und um sie unterscheiden zu können, nannten sie Jesus den Sohn und Gott den Vater. Denn häufig gleichen die Söhne ja ihren Vätern. Aber damit nicht genug. Als sie darüber nachdachten, wie ihnen das bewusst geworden war, merkten sie: Das haben wir uns nicht ausgedacht, sondern das hat uns eingeleuchtet. Und ihnen wurde bewusst: Das wirkt derselbe Gott, der uns in Jesus begegnet. Er hat uns das klar werden lassen. Und diese dritte Form der*

Begegnung mit Gott nannten sie den Heiligen Geist. Denn durch den Geist werden uns Dinge klar. Aber immer war und ist es derselbe eine Gott. Trinität ist also: dreimal auf unterschiedliche Weise derselbe Gott. [13]

Das Wort „Gott" gibt auch weiterhin zu denken. Der kritische Umgang mit überlieferten Vorstellungen als auch der selbstkritische Blick auf den eigenen Glauben bleiben lebenslange Aufgaben. Mit „Gott" werden wir nicht fertig. Das mit dem Wort Gemeinte bleibt der offene Horizont unserer Suche nach Wahrheit und Liebe, *„der personale Grund eines Vertrauens, das uns selber die Fähigkeit schenkt, als freie Personen zu leben."* Und „Gott" sei schon deshalb nötig, meinte der russische Dichter Dostojewski, *„weil er das einzige ist, was ein Mensch sein ganzes Leben lang verehren kann".* [14]

2. Worum es dabei im Religionsunterricht geht

Die Frage nach Gott spielt im Leben der meisten Jugendlichen meist nur eine geringe Rolle, sie stellt sich oft nur vordergründig-situativ angesichts von Leid und Ungerechtigkeit. Folglich entfaltet der Gottesglaube auch keine lebenspraktischen Konsequenzen und wird auch nicht unter dieser Perspektive betrachtet. Die Fragen nach dem Wesen des Menschen, nach Sinn, Heil und Erlösung bleiben jedoch letztlich ohne religiöse Dimension und ohne den Gottes-Horizont ohne umfassende Antwort.

Im Unterricht ist also zu klären, dass alle Gottesvorstellungen nicht nur ein bestimmtes Bild von der Welt und dem Menschen beinhalten, sondern stark durch die eigene Biografie sowie durch Erziehung, Kultur und Zeitgeist geprägt sind. Die kritische Analyse bzw. Relativierung verbreiteter Gottesvorstellungen (ihre psychologischen Voraussetzungen und ethischen Auswirkungen) schafft den notwendigen Freiraum, die Frage nach Gott auf dem Hintergrund biblischer Überlieferung und heutiger philosophisch-theologischer Reflexionen neu zu bedenken. [15]

Der Lehrplan nennt als Ziel-Kompetenzen:
1. Verschiedene Gottesvorstellungen kennen und hinterfragen.
2. Antworten auf die Gottesfrage als biografisch und soziokulturell geprägt und als wirksam für das individuelle und gesellschaftliche Leben beschreiben und analysieren.
3. Den christlichen Gottesglauben darstellen können und zu atheistischen Positionen in Beziehung setzen.
4. Eigene Gottesvorstellungen überprüfen und bereit sein, sich den Konsequenzen des Glaubens zu stellen.

Es geht also um die Förderung einer diskursiven Auseinandersetzung mit der Gottesfrage, eine deutungsoffene Erkundung von überlieferten Gottesvorstellungen und denkerischen Ansätzen aus Philosophie und Theologie. *„Fern davon, das Geheimnis des Daseins zu vereindeutigen, wird den Schülerinnen und Schülern zugetraut und zugemutet, in eigener Freiheit plausible Lesarten existenzieller Gotteszeugnisse zu entdecken und zu entwickeln."* [16]

Ein erster Schritt sollte in der Erhebung der bei den SchülerInnen vorhandenen Einstellungen und Argumentationen bestehen. Die entsprechenden Frage-Impulse könnten lauten:

1. Mit dem Wort >Gott< verbinde ich…
2. Ich glaube an Gott, weil…
3. Ich lehne den Glauben an Gott ab, weil…
4. Worin hat sich seit meiner Kindheit mein Glaube bzw. meine Vorstellung von Gott verändert?

Aus den Antworten zu den Fragen 2 und 3 ließe sich dann eine direkte Gegenüberstellung von Argumenten erstellen, die einer kritischen Sichtung zu unterziehen ist. (Auf der Kontra-Seite wird höchstwahrscheinlich auch mit dem Leiden in der Welt argumentiert, der sogenannten Theodizee-Frage. Diese bleibt hier allerdings ausgespart, da sie den vorliegenden Rahmen sprengt und ein eigenes Kapitel verdient.)

Die letzte Frage verweist auf die religionspsychologischen Entwicklungsstufen der Religiosität, ohne deren Kenntnis eine angemessene Reflexion zur Gottesfrage im Unterricht nicht wirklich gelingen wird.[17]

Wie klischeehaft viele vorfindlichen Gottesbilder bleiben, kann ggf. durch die analytische Betrachtung von konkreten bildlichen Darstellungen erarbeitet werden.[18] Offenbar werden soll dabei die anthropomorphe Struktur dieser Vorstellungen, die mehr über Wünsche, Ängste und Hoffnungen der Menschen preisgeben als über Gott selbst. Von solchen Projektionen sind teils auch die biblischen Gottesvorstellungen nicht frei. Ein repräsentativer Querschnitt durch die Bibel kann z. B. mit diesen Textstellen ermittelt werden: *1. Mose 18,25 / 2. Mose 15,26 / 2. Mose 34,6 / 2. Mose 34,14 / Psalm 18,3 / Psalm 23,1 / Psalm 27,1 / Psalm 47,8 / Psalm 68,6 / Psalm 84,12 / Psalm 103,13 / Psalm 139,2-3 / Jesaja 66,13 / Jeremia 2,13 / Jeremia 14,17 / Jeremia 20,11 / Sirach 35,15 / Daniel 6,28 / Kolosser 3,6 / 1. Johannesbrief 4,8 / Offenbarung 1,8.*

Diese Vielfalt dürfte manchen überraschen, gerade auch, was die weiblichen Metaphern angeht. Daneben ist zu referieren, dass die Bibel kein einheitliches Gottesbild kennt und sogar eine allzu fixierte Gottesvorstellung ablehnt. Der Gottesbegriff muss offengehalten werden für je neue Erfahrungen und Deutungsversuche. Dass weder Juden, noch Christen oder Muslime letztlich die Wahrheit Gottes kennen, selbst wenn gelegentlich der Eindruck erweckt wird, kann nicht klar genug herausgestellt werden. G. bleibt ein Geheimnis.

Daher ist auch im Sinne der Religionsfreiheit zu unterstreichen, dass der Gottes-glaube eine einladende Option der Lebensorientierung darstellt, die niemand zu teilen verpflichtet ist oder gar dazu gezwungen werden könnte. Auch Menschen, die nicht an Gott glauben, können ein gelingendes, sinnvolles und verant-wortungsbewusstes Leben führen. Dennoch sollte sich jeder mit der religiösen Deutungsperspektive des Lebens auseinandergesetzt haben.

Je nach intellektueller Belastbarkeit und Ausdauer können prägnante Modelle der philosophischen und theologischen Gottesrede sowie Positionen der Gottes-bestreitung präsentiert und diskutiert werden. Die Konturen der spezifisch christlichen Perspektive, die sich primär an Jesus festmacht, sollte den zentralen Raum einnehmen und mitttels der Gleichnisse und Wundererzählungen erkundet werden.

Quellen:

1 Zum Folgenden vgl. insgesamt: Der Glaube der Christen. Ein ökumenisches Handbuch, herausgegeben von Eugen Biser u.a., Pattloch/Calwer, München/Stuttgart 1999, 398-558; Anton W. J. Houtepen: Gott – eine offene Frage, Gütersloher Verlagshaus, Gütersloh 1999;Theodor Schneider: Was wir glauben, Grünewald, Ostfildern 2014; Herbert Vorgrimler: Neues Theologisches Wörterbuch, Herder, Freiburg 2000, 246-256; Jürgen Werbick/Burkard Porzelt: Art. Gott, in: WiReLex: http://www.bibelwissenschaft.de/stichwort/100063/
2 Vorgrimler (Anm. 1), 246
3 Werbick/Porzelt (Anm.1), 2
4 Vorgrimler (Anm. 1), 246
5 Vgl. Doris Nauer: Gott. Woran glauben Christen?, Kohlhammer, Stuttgart 2017, 29f
6 Ebd., 30; Zu den negativen Gottesbildern siehe Karl Frielingsdorf: Dämonische Gottesbilder, Grünewald, Mainz 1992; Dietor Funke: Der halbierte Gott, Kösel, München 1993; Tilmann Moser: Gottesvergiftung; Suhrkamp, Frankfurt 1976; Unterrichtspraktisch Reiner Jungnitsch: Grenzgänge. Hin-Wege zur Religion, Lahn, Limburg-Kevelaer 2001, 25-41
7 Heinz Zahrnt: Gotteswende, Piper, München 1989, 102
8 Vorgrimler (Anm. 1), 248
9 Joachim Kunstmann: Leben eben! Religion für Sinnsucher – eine Anleitung, Gütersloher Verlagshaus, Gütersloh 2013, 80
10 Ebd., 79.81
11 Zum Folgenden vgl. Medard Kehl: Hinführung zum christlichen Glauben, Grünewald, Mainz 1984, 71f
12 Ebd., 73
13 Wilfried Härle: Warum Gott? Evang. Verlagsanstalt, Leipzig 2014 (2. Aufl.), 203

14 Zitiert nach Eugen Drewermann: Hat der Glaube Hoffnung? Patmos, Düsseldorf
   2000, 298
15 Ausführlich in Reiner Jungnitsch: Hinwege zum Glauben, BoD, Norderstedt 2018,
   52-64
16 Werbick/Porzelt (Anm. 1), 13
17 Da eine genaue Darstellung hier ausgespart wird, vgl. dazu Hans Mendl: Religionsdidaktik kompakt, Kösel, München 2018, 103-113; Georg Hilger u.a.: Religionsdidaktik,
   Kösel, München 2010, 184-192
18 Bei der Bildersuche im Internet finden sich viele Beispiele unter den Suchbegriffen
   „Gottesbilder" und „Gottesbilder Karikaturen"

Literatur:

- Wolfgang G. Esser: Gott reift in uns. Lebensphasen und religiöse Entwicklung,
  Kösel, München 1991
- Hubertus Halbfas: Der Herr ist nicht im Himmel, Gütersloher Verlagshaus,
  Gütersloh 2013
- Hans Kessler: Gott – warum er uns nicht loslässt, Topos-Tb 1091, Kevelaer 2016
- Lothar Kuld: Gott und das Leben, Kohlhammer, Stuttgart 2018
- Roger Lenaers: In Gott leben ohne Gott, Edition Anderswo, Kleve 2011
- Klaus Müller: Gottes Dasein denken, Pustet, Regensburg 2001
- Johannes Röser (Hg.): Gott? Die religiöse Frage heute, Herder, Freiburg 2018
- Edward Schillebeeckx: Menschen. Die Geschichte von Gott, Herder, Freiburg 1990
- Dorothee Sölle: Es muß doch mehr als alles geben. Nachdenken über Gott, Hoffmann u.
  Campe, Hamburg 1992
- Keith Ward: Gott. Das Kursbuch für Zweifler, primus, Darmstadt 2007

Verknüpfungen:

→ Abrahamitische Religionen, → Glaube, → Gottesbeweise

Anhang: 21-22

2.9 Gottesbeweise

1. Worum es in der Sache geht

Als G. gilt das Bemühen, die Existenz Gottes mit rationalen, logischen oder tatsachengestützten Argumenten (also ohne Berufung auf die biblische Offenbarung) definitiv und zweifelsfrei zu belegen. Die stärksten Wurzeln dieser philosophisch-theologischen Versuche entwickelten sich nach der Neuentdeckung antiker Quellen im Hochmittelalter, als sich die Überzeugung durchsetzte, dass Glaube und Vernunft keine konkurrierenden Gegensätze sind, sondern sich gegenseitig ergänzen.

Sie sorgten zu ihrer Zeit für erregte akademische Debatten, fanden viel Zustimmung, blieben jedoch von Anfang an nicht unwidersprochen. Spätestens mit der Epoche der Aufklärung verloren sie an intellektueller Überzeugungskraft und theologischer Bedeutung. Heute führen sie in der zeitgenössischen Theologie eher ein stilles ideengeschichtliches Rentnerdasein. Dennoch verdienen sie in der Sache immer noch unsere Aufmerksamkeit und lassen sich für eine verantwortliche Gottesrede konstruktiv nutzen.

Wie wurde also für die Existenz Gottes dabei argumentiert? Wir beschränken uns hier auf die „klassischen" Ansätze, die in vereinfachter Sprache wiedergegeben werden: Das ontologische Argument von Anselm, die „fünf Wege" des Thomas von Aquin, das Wett-Motiv von Pascal und das moralische Argument von Kant.

1. Der ontologische G.: Er wurde von Anselm von Canterbury (1033-1109) formuliert und lautet sinngemäß: Gott ist das Größte, was von Menschen gedacht werden kann. Dieses Größte schließt alles ein. Dazu gehört auch, dass es real existieren muss. Denn wäre es bloß als vollkommen gedacht, also nur in unserer Vorstellung, so wäre es nicht vollkommen, da ihm die reale Existenz fehlen würde. Ein unvollkommenes Wesen wäre aber nicht das größte, das wir uns denken können. Da wir die Idee „Gott" besitzen und damit das höchste Wesen meinen, muss es folglich auch existieren.

2. Thomas von Aquin (1225-1274) greift weithin auf den griechischen Philosophen Aristoteles (384-322 v. Chr.) zurück und argumentiert in fünf Gedankengängen („Wege"):[1]

a) BEWEGUNG: Da jede Bewegung (Veränderung) in dieser Welt als Ursache eine andere Bewegung hat, kann man die Kette der Ursachen immer weiter in die Vergangenheit zurückverfolgen. Irgendwann muss es dann aber eine Ursache geben, die zwar bewegt, aber selbst nicht bewegt wird. Eine Verkettung, die ins

Unendliche zurückreicht, ist für Thomas vernünftigerweise nicht vorstellbar. Am Anfang muss es einen unbewegten Beweger geben. Diese Ursache, so sagt er, nennen alle Gott.

b) KAUSALITÄT: Alles, was in dieser Welt existiert, lässt sich auf eine Ursache zurückführen. Die gesamte Welt muss also auch ihrerseits eine Ursache haben, einen Urheber, der alles in Bewegung gesetzt hat. Dieser Urheber oder Schöpfer der Welt, der seinerseits keine Ursache hat, ist Gott. Wäre auch Gott verursacht, also nur ein „Produkt" dieser Reihe, so bliebe die Ursachenkette endlos, ohne Grund und Sinn.

c) KONTINGENZ: Alles was existiert, erhält seine Notwendigkeit durch etwas Anderes. Dinge haben die Möglichkeit, zu sein oder nicht zu sein, Dinge also, die werden und vergehen. Wenn aber alle Dinge die Eigenschaft haben, auch irgendwann einmal nicht zu sein, dann waren sie irgendwann auch einmal nicht, dann war also irgendwann einmal nichts. Aus nichts kann aber nichts werden. Nur durch etwas, das bereits ist, kann etwas aus der Möglichkeit zur Wirklichkeit gelangen. Es muss also etwas geben, das nicht bloß möglich ist, sondern von sich aus notwendig. Und das nennen alle Gott.

d) STUFEN DES SEINS: Es gibt in den verschiedenen Dingen Abstufungen der Werthaftigkeit. Es gibt etwas mehr oder minder Gutes, mehr oder minder Wahres, mehr oder minder Edles. Dieses »mehr oder minder« kann man aber nur sagen, wenn man zugleich etwas mitdenkt, was dies alles auf höchste Weise ist. Es gibt also etwas, das höchst wahr, höchst gut, höchst edel und folglich höchst seiend ist. Ohne dieses Höchste gäbe es also gar nicht diese beobachteten Abstufungen. Also gibt es etwas, das für alles die Ursache des Seins, der Güte und aller Vollkommenheit ist. Und das nennen wir Gott.

e) ZIELBESTIMMUNG: Vor allem in der Natur laufen viele Prozesse ganz offensichtlich zielgerichtet ab. Es gibt eine Ordnung der Dinge, die wir auch als Naturgesetz bezeichnen: von den Regeln der Zellteilung bis hin zu den berechenbaren Bahnen der Planeten. Die Kräfte, die ordnend und zweckmäßig auf die Materie einwirken, kommen nicht von ungefähr. Sie können ihrerseits kein blindes Zufallsprodukt sein. Jede Ordnung belegt durch ihr Dasein und ihr Funktionieren eine im Hintergrund stehende Vernunft. Die Ordnung dieser Welt weist zweifelsfrei auf eine schöpferische Vernunft hin, die wir Gott nennen.

3. Immanuel Kant (1724-1804) verwirft und widerlegt die bisher genannten G., hält aber trotzdem an einer rationalen Argumentation für die Existenz Gottes fest. Für ihn reduziert sich die Erkennbarkeit Gottes auf ein Postulat, d.h. eine notwendige Annahme, die sich aus seiner Ethik ergibt. Neben den Annahmen der Unsterblichkeit der Seele und der Willensfreiheit des Menschen bedarf es für ihn

eben auch der Annahme, dass Gott existiert. Grund: Es gibt es absolute sittliche Verpflichtungen. Faktisch verstoßen aber viele Menschen gegen sittliche Normen. Das Bewusstsein einer absoluten sittlichen Verpflichtung kann sich also nicht aus der Beobachtung des tatsächlichen Lebens herleiten. Vielmehr muss es ein im Menschen innewohnendes Gesetz geben, das ihm sagt, was gut und was schlecht ist. Die innere Begründung für dieses sittliche Gesetz liegt in Gott. Wenn die Einhaltung sittlicher Normen zudem nicht in das Belieben der Einzelnen gestellt sein soll, muss es einen Gott geben, der der absolute Garant der sittlichen Wertordnung ist. Gott bleibt also für die Vollendung der Moral unverzichtbar.[2]

4. Der französische Philosoph und Mathematiker Blaise Pascal (1623-1662) argumentiert für den Glauben an Gott in der Form einer Wette:
Option 1: Man glaubt an Gott. Fakt ist: Gott existiert tatsächlich. In diesem Fall wird man belohnt und kommt in den Himmel. Man hat gewonnen.
Option 2: Man glaubt an Gott. Fakt ist: Gott aber existiert nicht. In diesem Fall gewinnt man nichts, verliert aber auch nichts.
Option 3: Man glaubt nicht an Gott. Fakt ist: Gott existiert wirklich nicht. In diesem Fall gewinnt man ebenfalls nichts, verliert aber auch nichts.
Option 4: Man glaubt nicht an Gott. Fakt ist: Gott existiert. In diesem Fall wird man bestraft und landet in der Hölle. Man hat verloren.
Die Analyse dieser Möglichkeiten legt für Pascal logisch nahe, dass es besser ist, bedingungslos an Gott zu glauben.

Was gibt es nun an diesen Argumentationen zu kritisieren?
Ein erster Einwand gilt der Titulierung als Gottes*beweis*. Was ist ein Beweis? Der Begriff ist primär in der Logik und der Mathematik beheimatet. Generell meint man damit eine Erkenntnisquelle, die die Wahrheit oder Unwahrheit einer Behauptung belegt. In der Logik gilt als Beweis eine Reihe von logischen Schlussfolgerungen, die die Wahrheit eines Satzes auf als wahr Angenommenes zurückführen soll. Die Mathematik verlangt als Beweis die als fehlerfrei anerkannte Herleitung der Richtigkeit bzw. der Unrichtigkeit einer Aussage aus einer Menge von Axiomen, die als wahr vorausgesetzt werden, und anderen Aussagen, die bereits bewiesen sind. Ein Axiom ist ein Grundsatz einer Theorie, einer Wissenschaft oder eines axiomatischen Systems, der innerhalb dieses Systems nicht begründet oder deduktiv abgeleitet wird.[3]
Diese kurze Begriffsklärung macht schon deutlich: *Bei allen religiösen Aussagen, die aus dem Glauben hervorgehen, sich interpretierend auf ihn beziehen, ist eine solche Beweisführung nicht möglich. Das gilt auch und besonders für die sogenannten Gottesbeweise. Sie gehören zu den Bereichen, in denen Beweise im naturwissenschaftlichen Sinn von vornherein gar nicht in Frage kommen.*"[4]

Auch Karl Jaspers (1883-1969) hatte schon darauf hingewiesen, dass die sogenannten G. ursprünglich gar nicht als (wissenschaftliche) Beweise gedacht waren. Sie seien vielmehr Wege des Sichvergewisserns im Denken. Selbst Thomas von Aquin hatte nicht die Absicht, mit seinen fünf „Wegen" einen zwingenden Beweis für die Existenz des christlichen Gottes vorzulegen. Der Begriff G. ist also missverständlich und irreführend. Einen ultimativen Beweis für Gott kann es nicht geben (ebenso wenig einen Beweis seiner Nicht-Existenz), sofern mit Gott eine Wirklichkeit gemeint ist, die die raum-zeitliche Dimension unserer Welt übersteigt. Menschliches Erkennen bleibt jedoch in diesen weltlichen Koordinaten gebunden.

Anselms ontologisches Argument enthält, wie Kant gezeigt hat, den gedanklichen Trugschluss, von einem Begriff auf die faktische Existenz des Gemeinten zu schließen. Die Existenz ist jedoch keine Eigenschaft, wie Anselm unterstellt. Sie sei sogar eine notwendige Eigenschaft, weshalb dadurch das Dasein Gottes logisch konsequent sei. Das ist aber ein fälschlicher Gebrauch des Begriffs. Mit diesem definitorischen Zaubertrick könnte man ansonsten auch die reale Existenz jedes anderen angenommenen Wesens belegen, indem man das Existieren zu dessen notwendiger Eigenschaft erklärt. Schon wäre das reale Vorkommen von Elfen und Einhörnern eindeutig bewiesen.

Die Denk-Wege des Thomas von Aquin schließen von den empirischen Beobachtungen und Erfahrungen in dieser Welt auf das Dasein Gottes. Thomas *„geht von einer Welt aus, die von Gott nach vernünftigen Gesichtspunkten geplant ist und deren Ordnung mit der Vernunft durchschaut werden kann. Sobald die Welt als Ergebnis von Evolution und Selektion erklärt wird und eine skeptische Grundhaltung, die in der Welt eher die Mängel als das Positive wahrnimmt, bestimmend wird, verliert dieser Denkansatz an Plausibilität."*[5]
Auch das Argument der Kontingenz, *„der Nicht-Notwendigkeit der Welt wurde in der theologischen Argumentation Jahrhundertelang vorgetragen, er überzeugt aber nicht, ja, er beruht offenbar auf einem Fehlschluss vom Teil aufs Ganze, der leicht zu widerlegen ist: Wenn alle Menschen eine Mutter haben, muss nicht auch die ganze Menschheit eine Mutter haben. (…) Die Welt braucht zur Erklärung ihrer Existenz offenbar keinen Gott, und Gott seinerseits braucht keine Religion; eine religiöse Beziehung zu Gott brauchen einzig wir Menschen, um uns als Menschen inmitten einer Welt zu begründen, die menschlich nicht sein kann. Woran müssen wir Menschen als absolut glauben, um Menschen zu sein? Das ist die eigentliche Frage nach Gott."*[6]

Auch Kants Postulat Gottes als Moral-Garant *„büßt an Überzeugungskraft ein, wenn man die ethischen Normen als Teil gesellschaftlicher Übereinkunft versteht. Dann werden sittliche Überzeugungen geschichtlich erklärbar und relativiert. Sie verlieren den Charakter einer absoluten Verpflichtung."*[7]

Die Pascal´sche Wette beinhaltet eine Reihe von Voraussetzungen, die man nicht teilen muss und die eine fragwürdige Vorstellung des Glaubens bieten.

a) Die Optionen suggerieren, der Mensch befände sich in der Situation eines Spielers, der verpflichtet ist zu spielen. Das trifft nicht zu. Man kann sich auch der Stimme enthalten.

b) Der Glaube an Gott ist auch nicht einfach eine Sache scheinbar rationaler Entscheidung, so wie man entscheidet, in die Oper oder ins Kino zu gehen. Die Entscheidung für den Glauben aufgrund der Aussicht, damit am Ende einen persönlichen Vorteil zu erlangen, geht am Wesen des Glaubens vorbei.

c) Auch die als Drohung wirkende Perspektive, bei falscher Wahl in der Hölle zu landen, ist schwer verdaulich, da sie die Vorstellung eines willkürlich strafenden Gottes enthält. Ewige Verdammnis als Folge einer falschen Wahlentscheidung?

d) Die unterstellte Annahme, Gläubige hätten im Leben deutlich weniger Spaß als Ungläubige, weil sie ja vielen einschränkenden Verboten unterlägen, ist ebenfalls eine Verzerrung christlicher Moral. Hemmungsloser Genuss ist nicht die bessere Nutzung der Freiheit.

Soweit in gebotener Kürze ein kritischer Blick auf die ausgewählten G. Als unbezweifelbare Beweise können sie also nicht dienen. Dennoch sind sie für das gläubige Denken nicht wertlos. Der englische Theologe Keith Ward macht einen reizvollen Vorschlag, wie man etwa die „fünf Wege" des Thomas auch anders lesen kann. Man kann sie nämlich auch als Meditationsübungen betrachten.[8]

Wenn wir – beim *ersten Weg* – so über die Veränderungen all dessen nachdenken, was wir erfahren, dann könnten wir ein Gespür für das Vorübergehende, den Zufall, die flüchtige Natur all dessen entwickeln, was wir durchleben. Dann könnten wir auch ein Gespür dafür bekommen, dass diese Veränderungen nicht bloß willkürlich oder zufällig vonstattengehen. Wenn wir an das Vergängliche aller erfahrenen Dinge denken, können wir das Gespür für eine dem zugrunde liegende Wirklichkeit entwickeln, die diesen Wechsel verursacht, dabei aber nicht selbst Teil des Prozesses ist, den wir erfahren.

Bei dem *zweiten Weg* meditieren wir über Geburt und Tod, über das, was wird und vergeht; über die Art, in der alles Sein über dem Abgrund des Nichts schwebt. Und dann vielleicht fühlen wir, was jenseits des Werdens und Vergehens ist, was immer ist und daher jenseits von Entstehung und Vergehen.

Bei dem *dritten Weg* meditieren wir darüber, wie alles so ganz einfach anders sein könnte als es ist; darüber, wie alles, was wir erfahren, zufällig zu sein scheint.

Und wir könnten zu einer Erfahrung dessen gelangen, dass wesentlich das ist, was es ist, was einfach so sein muss, wie es ist, was sein muss und sein Sein niemand anderem schuldet als sich selbst.

Bei dem *vierten Weg* meditieren wir über viele Arten und Abstufungen der guten und schönen Dinge, die es in der Welt gibt. An die Schönheit und Güte vieler Dinge zu denken, kann uns dahin bringen, dass wir spüren, was jenseits aller jeweiligen Schönheiten liegt, nämlich die Schönheit selbst, die eine vollkommene Quelle aller jeweiligen Schönheiten ist, die davon nur ein schwacher Widerschein sind.

Und beim *fünften Weg* meditieren wir über die Art und Weise, wie in der Natur Ordnung und Verständlichkeit herrschen, so dass die Dinge entsprechend den ausgeklügelt angeordneten Prozessen ablaufen. Wenn wir so denken, können wir zu dem Gespür gelangen, dass hinter aller natürlichen Ordnung, die jedem Ding Ordnung und Zweck gibt, etwas liegt, das selbst aber über aller erfahrenen Ordnung liegt.

2. Worum es dabei im Religionsunterricht geht

Viele der heutigen SchülerInnen stehen dem Gottesglauben eher skeptisch gegenüber, zumindest was die kirchlich vermittelte Gottesrede betrifft. „Irgendetwas Höheres" könne es ja geben, aber das sei eben nicht genauer bestimmbar. Die Diskussion über die Möglichkeit dieses „höheren" Etwas führt bald zu der Frage der Beweisbarkeit. Die Neigung zu einer rationalen Absicherung, einer vernünftig nachvollziehbaren Plausibilität ist allzu menschlich und nicht nur bei Jugendlichen zu finden.

Es lässt sich nun völlig unbedarft fragen: *Wie könnte man die Existenz Gottes beweisen?* Wenn die Antworten nicht gänzlich in äußerlich-sinnlichen Belegen stecken bleiben, die sich schnell wieder als zweifelhaft erweisen müssen, dürfte wenigstens ahnungsweise deutlich werden, dass die gewohnten wissenschaftlichen Beweisverfahren bei der Frage nach Gott nicht taugen. Wie oben gezeigt, wird auch die Definition des Beweis-Begriffes schnell davon abrücken lassen. Die Sache mit Gott scheint eher die Angelegenheit einer bloß subjektiven Einsicht und Erfahrung zu sein. Dann aber würde es schwierig, darüber zu kommunizieren oder gar zu argumentieren. Dass jedoch das systematische Nachdenken über den Glauben gerade im Christentum einen wesentlichen Anteil ausmacht, muss vielfach erst vorgeführt werden. Wie also könnte man sachgerecht und logisch *für* Gott argumentieren?

In Anlehnung an die obige Darstellung der G. könnten den SchülerInnen die folgenden Argumentationen präsentiert werden, quasi als Provokation, diese Gründe zu entkräften und zu widerlegen.

1. Argument: Gott ist das Größte, was von Menschen gedacht werden kann. Dieses Größte schließt alles ein. Dazu gehört auch, dass es real existieren muss. Denn wäre es nur als vollkommen gedacht, also nur in unserer Vorstellung, so wäre es nicht vollkommen, da ihm die reale Existenz fehlen würde. Ein unvollkommenes Wesen wäre aber nicht das größte, das wir uns denken können. Da wir die Idee „Gott" besitzen und damit das höchste Wesen meinen, muss es folglich auch existieren.

2. Argument: Alles, was in dieser Welt existiert, lässt sich auf eine Ursache zurückführen. Die gesamte Welt muss also auch ihrerseits eine Ursache haben, einen Urheber, der alles in Bewegung gesetzt hat. Dieser Urheber oder Schöpfer der Welt, der seinerseits keine Ursache hat, ist Gott. Wäre auch Gott verursacht, also nur ein „Produkt", so bliebe die Ursachenkette endlos, ohne Grund und Sinn.

3. Argument: Was wir allgemein als gut und wichtig ansehen (das Schöne, die Wahrheit usw.) ist immer nur in unvollkommener Form anzutreffen, stets nur teilweise realisiert. Unsere Vorstellung davon geht jedoch vom vollkommenen Ideal aus, nicht von der verstümmelten Realität. Würden wir im Denken nicht „oben" ansetzen, also bei der Vollkommenheit, so wüssten wir gar nicht, in welche Richtung wir die Realität vorantreiben sollten. Die Idee des Vollkommenen stammt jedoch nicht von uns selbst. Wir haben sie nicht entworfen, sondern in uns vorgefunden. Der Ursprung und das Ziel dieser Vollkommenheit ist Gott. Ohne ihn blieben diese Ideale grundlos.

4. Argument: Vor allem in der Natur laufen viele Prozesse ganz offensichtlich zielgerichtet ab. Es gibt eine Ordnung der Dinge, die wir auch als Naturgesetz bezeichnen: von den Regeln der Zellteilung bis hin zu den berechenbaren Bahnen der Planeten. Die Kräfte, die ordnend und zweckmäßig auf die Materie einwirken, kommen nicht von ungefähr. Sie können ihrerseits kein blindes Zufallsprodukt sein. Jede Ordnung belegt durch ihr Dasein und ihr Funktionieren eine im Hintergrund stehende Vernunft. Die Ordnung dieser Welt weist zweifelsfrei auf eine schöpferische Vernunft hin, die wir Gott nennen.

Für ungeübte Denker sind das harte Nüsse. Daher darf dann auch aufgeklärt werden, dass es keine ultimativ-zwingenden Beweis-Argumente sind, nicht sein können, und was es an diesen Überlegungen auszusetzen gibt (siehe oben). Wenn daraus die Einsicht gewachsen ist, dass dem Thema Gott mit Beweisen oder Gegenbeweisen nicht beizukommen ist, kann die Frage nach dem Glauben neu gestellt werden.

Quellen:

1 Vgl. zum Folgenden Michael Bruce / Steven Barbone (Hg.): Die 100 wichtigsten philosophischen Argumente, Studienausgabe, 4. Aufl., WBG, Darmstadt 2015; Manfred Lütz: Gott. Eine kleine Geschichte des Größten, Pattloch, München 2007, 152-155; Klaus Müller: Gott erkennen. Das Abenteuer der Gottesbeweise, Topos-TB 405, Pustet, Regensburg 2001, 34-45; Robert Zimmer: Denksport Philosophie, dtv, München 2015, 124ff.
2 Vgl. Rüdiger Kaldewey / Franz W. Niehl: Grundwissen Religion. Neuausgabe, Kösel, München 2009, 130ff
3 Vgl. die Wikipedia-Artikel zum Stichwort ‚Beweis‘ in Mathematik und Logik.
4 Herbert Vorgrimler: Neues Theologisches Wörterbuch, Herder, Freiburg 2000, 257
5 Kaldewey / Niehl (Anm. 2), 131
6 Eugen Drewermann: Hat der Glaube Hoffnung?, Walter, Düsseldorf 2000, 296f
7 Kaldewey / Niehl (Anm. 2), 132
8 Zum Folgenden Keith Ward: Gott. Das Kursbuch für Zweifler, Primus, Darmstadt 2007/2013, 56-58 (Auszüge)
9

Literatur:

- Rebecca Goldstein: 36 Argumente für die Existenz Gottes, Blessing, München 2010, 485-556
- Anton W. J. Houtepen: Gott – eine offene Frage, Chr. Kaiser/Gütersloher Verlagshaus, Gütersloh 1999
- Klaus Müller: Gottes Dasein denken, Pustet, Regensburg 2001
- Matthias Wörther (Hg.): Q.E.D. Das kleine Handbuch der Gottesbeweise, Echter, Würzburg 2009

Verknüpfungen:

→ Glaube, → Gott/Gottesbilder, → Religionskritik

Anhang: 23

2.10 Mensch

1. Worum es in der Sache geht

Wer bin ich eigentlich? Verallgemeinert: Was ist der M.? Dass wir solche Fragen überhaupt stellen können, ist schon ein prägendes Merkmal unserer Gattung und markiert einen der Unterschiede zu den anderen Lebensformen auf der Erde. Biologisch betrachtet gehören wir zur Familie der Primaten, sind also Tiere. Die Evolution hat uns jedoch zu einer besonderen Art von Tieren werden lassen. Der M. ist ein sonderbares, ganz einzigartiges Tier. Er ist ein Organismus, hat Sinnesorgane, er wächst, nährt und bewegt sich, besitzt mächtige Triebe - so den Selbsterhaltungs- und Kampftrieb, den geschlechtlichen Trieb und noch andere, genau wie die anderen Tiere. Zugleich ist er jedoch „ein merkwürdiges Tier. Er hat an sich vieles, was wir bei den anderen Tieren entweder gar nicht oder nur ansatzweise finden. *„Er ist ja ein mißratenes Tier. Schlechte Augen, fast kein nennenswerter Geruch, minderwertiges Gehör, das sind sicher seine Kennzeichen. Natürliche Waffen, etwa Klauen, fehlen ihm fast vollständig. Seine Kraft ist unbedeutend. Er kann weder schnell laufen noch schwimmen. Dazu ist er nackt und stirbt viel leichter als die meisten Tiere vor Kälte, Hitze und ähnlichem.*"[1] Den entscheidenden Unterschied bildet seine Intelligenz, die den Menschen (mittels seiner komplexen Sprache) zur Reflexion befähigt, ihn anders lernen und das Gelernte weitergeben lässt, neue Qualitätsstufen des Denkens und Problemlösens ermöglicht usw. Kurz: Wir sind neugierig und wissbegierig, lernfähig und gestaltungswillig wie keine andere Spezies unserer Umgebung. Unsere Intelligenz hat uns das Rad und den Computer erfinden lassen, mathematische Formeln, die Schrift, phantastische Kunstwerke, Symphonien und Gebäude hervorgebracht. Im gleichen außerordentlichen Maß ist die Geschichte der Menschheit durchtränkt von hemmungsloser Gewalt, von rücksichtsloser Unterdrückung und egoistischem Machtmissbrauch sowie von einer ungebremsten Ausbeutung und Zerstörung der natürlichen Lebensgrundlagen, die uns heute an den Rand einer ökologischen Katastrophe geführt haben.

Wie konnte es soweit kommen? Warum tun Menschen so etwas? Gehört das alles zwangsläufig zum Menschsein dazu? Sind wir allein naturbedingt, also durch die Evolution zu dem „missratenen Tier" geworden, das wir heute sind und dass sich quasi wie ein Irrläufer der Entwicklung verhält, sich zur ultimativen Belastung für die Erde erweist und dadurch seinen eigenen Untergang herbeiführt?

Ökologische und ökonomische, politische und gesellschaftliche Probleme, natur- und humanwissenschaftliche Einsichten der Gegenwart stellen nochmals dringlicher die Frage nach dem Menschen. Wer sind wir? Wer und wie wollen wir sein? Haben wir die Freiheit dazu? Woran orientieren wir uns? usw.

„Nichts in der Welt gibt dem Menschen so viele Fragen auf wie er selbst; und auf keine weiß er so wenig Antworten wie auf diese."[2] Ähnlich hatte es schon im 14. Jahrhundert der italienische Dichter Francesco Petrarca ausgedrückt: *Was nützt denn bitte das Wissen über die Natur der Tiere, Vögel, Fische und Schlangen, wenn wir die Natur der Menschen nicht kennen, nicht wissen, wozu sie geboren sind, woher wir kommen und wohin wir gehen, und uns für diese Fragen nicht interessieren?* Und für Immanuel Kant münden die Grundfragen der Philosophie (Was kann ich wissen? Was soll ich tun? Was darf ich hoffen?) in die Frage: Was ist der Mensch?

Das systematische Nachdenken über das Wesen des Menschen, die Anthropologien in unterschiedlicher Perspektive (biologisch, philosophisch, theologisch), haben über die Jahrhunderte vielerlei Deutungsmodelle entwickelt, die an dieser Stelle nicht ausgeführt werden können.[3] War bis zum Beginn der Neuzeit in Europa das sogenannte christliche Menschenbild allgemein kulturprägend, so ist diese Einheit einer Pluralität gewichen und wird weithin von einem wissenschaftlich-technischen Denken bestimmt. Elementar gilt, dass jedes Menschenbild eine Vorstellung davon zum Ausdruck bringt was einen Menschen ausmacht. Es beschreibt das Wesen des Menschen und was ihn von der unbelebten Natur, von Pflanzen und Tieren unterscheidet. Dabei ist ein Menschenbild immer verbunden mit einem Weltbild, das von gesellschaftlichen, politischen und religiösen Überzeugungen geprägt ist, z. B. buddhistisches oder sozialistisches Menschenbild.

Die religiös-theologische Sicht hat immer wieder die substantielle Unzulänglichkeit empirischer, rein innerweltlicher Deutungen des Menschen kritisiert, sei es, ihn als Produkt gesellschaftlicher Verhältnisse zu beschreiben, oder ihn exklusiv materialistisch zu verstehen, wie es aktuell manche Biologen und Hirnforscher versuchen. So richtig deren Beiträge im Rahmen wissenschaftlicher Erkenntnisse auch sind, die Frage nach einem letztgültigen Sinn vermögen sie nicht befriedigend zu beantworten. Mit Herbert Vorgrimler theologisch gesprochen: *„Was den Menschen vor dem Tier auszeichnet, sein geistiges Person-Sein in Erkenntnis und Freiheit, ist durch den unendlichen Horizont ihrer Aktivität auf eine Vollendung (Endgültigkeit) hin angelegt, die es doch nie aus eigener Kraft zu erreichen vermag, weil es im Tod diese Existenz- und Tätigkeitsform aufgeben muß; auch in seinem ethischen Sollen gelangt es nicht zur angezielten Vollendung, weil es dem Sollensanspruch nie ganz gerecht wird und auch dieser mit dem biologischen Leben endet."*[4]

Der M., und das wussten die Dichter und Mystiker aller Kulturen schon immer, bleibt sich selbst letztlich eine Frage und ein tiefes Geheimnis. Das macht seine Größe und zugleich sein Elend aus. Seine Größe, weil die Frage nach sich selbst den Menschen von den toten Dingen unterscheidet, die einfach vorhanden sind, wie auch von den anderen Tieren, die durch ihre Instinkte, ihre genetische „Programmierung" fest in ihre jeweilige Umwelt eingepaßt sind. *„Es macht die Würde des Menschen aus, dass er sich seiner selbst bewußt und dass er frei ist, seinem Leben selbst eine Richtung zu geben. Diese Größe ist aber zugleich die Last des Menschseins. Dem Menschen ist sein Leben nicht nur gegeben, sondern auch aufgegeben; er muß es selbst gestalten, selbst in die Hand nehmen. Dem Sein des Menschen ist der Sinn seines Seins nicht unmittelbar mitgegeben. Das Menschsein ist deshalb ein Gang ins Offene und ins Unabsehbare hinein."*[5]

Dieser offene Horizont erhält im biblischen Denken einen Namen: Gott. Er wird als der Schöpfer und Vollender von M. und Welt dargestellt, der M. umgekehrt als Ebenbild Gottes. Dieses Grunddatum sollte aber nicht darüber hinwegtäuschen, dass es *das* biblische Menschenbild nicht gibt. Insbesondere das AT kennt keine systematische Reflexion über das Menschsein, keine „Anthropologie" im modernen Sinne. Der lange Entstehungszeitraum der biblischen Texte spiegelt konsequent auch eine Vielzahl von Erfahrungen und Beobachtungen über den Menschen, die sich eben literarisch niedergeschlagen haben. Diese orientalisch-israelitischen Wurzeln unserer abendländisch-christlichen Rede vom Menschen sind jedoch weniger kulturprägend geworden als die Einflüsse der antiken griechischen Philosophie. Erst heute wird das reiche und vielfältige Erbe der Bibel neu entdeckt und gewürdigt. Eine christlich-theologische Anthropologie wird sich immer wieder neu an dem biblischen Facettenreichtum zu orientieren haben.

Der Kernpunkt der Gottebenbildlichkeit, leider oft äußerlich missverstanden, *„ordnet den Menschen ein in ein vierfaches Geflecht von Beziehungen, woraus sich eine vierfache Bestimmung des Menschen ergibt: Gott zu loben, den Nächsten zu lieben, in der Welt zu leben und sie zu pflegen, sich selbst und auf sich selbst zu achten."*[6]
Ohne in diesem Rahmen die Details der biblischen Rede genauer auszuführen, lassen sich doch einige Grundbescheide herausfiltern, die für das Verstehen der jüdisch-christlichen Sicht des Menschen von zentralem Wert sind. Vereinfacht ausgedrückt lässt sich sagen: Der M. …
- ist kein Zufallsprodukt der Natur. Er hat einen benennbaren Ursprung. Gott wollte, dass es ihn gibt.
- besteht aus den gleichen Elementen wie alle anderen Lebewesen. Er ist also ein Teil der Natur und mit allen anderen Lebensformen verbunden. Dennoch ist der Mensch mehr als nur ein „nackter sprechender Affe".

- lebt als Mann und Frau in gleichberechtigter Gemeinschaft. Nur in Ergänzung durch das andere Du kann der Einzelne wirklich Mensch werden.
- trägt aufgrund seiner besonderen Begabung (Vernunft, Sprache) eine umfassende Verantwortung für sein Tun und Lassen, die Gemeinschaft und die Natur.
- vertritt als „Abbild" oder „Ebenbild" den unsichtbaren Gott in dieser Welt, die er „bebauen und hüten" soll.
- ist ausgezeichnet durch eine besondere „Würde" (die ihn von allen anderen Lebewesen unterscheidet) und seine radikale Vergänglichkeit (die ihn wiederum mit allem Lebendigen verbindet. Er ist einerseits ein besonderes Tier, andererseits nur „wenig geringer als Gott".
- führt sein Leben in Mühsal, Unsicherheit und stets neuer Verfehlung.
- lebt in der Nähe Gottes. Allein aus dieser Orientierung auf den Schöpfer, der letztlich „alles umschließt", ergibt sich für den Menschen ein Lebenssinn und eine Hoffnung auf Erfüllung.

2. Worum es dabei im Religionsunterricht geht

Die Jugendzeit gilt allgemein als eine schillernde und sensible Phase des Erkundens und der Orientierung. Die Prägung durch eine kindliche Naivität gehört der Vergangenheit an, trotzdem hat vieles Neue in dieser anhaltenden Suchbewegung noch keine klare und individuelle Kontur gefunden. Die Erprobung von Beziehungen, die Entdeckung fremder und eigener Körperlichkeit, erste Schritte in die Selbstständigkeit, die verstärkte Lösung von den Eltern, die berufliche Weichenstellung und die abgrenzende Bestimmung eigener Identität. Jugendliche erleben in verdichteter Form die fundamentalen Fraglichkeiten des menschlichen Lebens. Alles scheint zu fließen in diesen Jahren. Das verschärft die Suche nach Orientierungspunkten und befriedigenden Sinn-Antworten, nach gültigen Wertmaßstäben für die Entscheidungen im Alltag und nachahmenswerten Lebens-Modellen.

Die Antworten des kirchlich geprägten Christentums gehören für die meisten jungen Menschen heute nicht mehr zu den Top-Angeboten. Dennoch herrscht auch bei diesen „Kirchenfernen" kein religionsloses Vakuum. Im Gegenteil sind auch sie umgetrieben von den grundlegenden Fragen des Menschseins: Woher? Wohin? Wozu? Diese existentiellen Fragezeichen bilden den Angelpunkt für das gemeinsame Nachdenken über das Menschsein.

In der Praxis wird sich die Thematik allerdings oft an anderen Ausgangspunkten entzünden, etwa bei Fragen zur Bioethik (z. B. Klonen, Genmanipulation, Mensch-Tier-Kreuzungen, Präimplantations-Diagnostik), über das Leben mit Behinderung, den Diskussionen um Abtreibung, Organspende und Sterbehilfe, Menschenhandel, Kinderarbeit u. v. a. m. Selbst Überlegungen zur Bildung, dem Sinn und Zweck von Schule, zur Persönlichkeitsentwicklung und zum Thema Arbeit entspinnen sich schnell zu grundsätzlichen Fragezeichen über das Wesen des Menschen.

Ausgehend von den präsenten Einstellungen und Kenntnissen der SchülerInnen kann eröffnend eine erste Sammlung von Charakteristika des Menschen dienen. Auch das bekannte Lied „Mensch" von Herbert Grönemeyer bietet einen reichhaltigen Einstieg. Intellektuell tiefer schürfen dann Fragen einer abgrenzenden Kennzeichnung: *Wodurch unterscheidet sich der M. einerseits von einem Schimpansen, andererseits von einem Computer? Ist ein drei Monate alter Fötus ein M.? Gilt das auch für einen Patienten, der im Koma liegt? Oder für einen Patienten, der für hirntot erklärt wurde? Muss auch ein Leichnam noch wie ein lebender M. behandelt werden?* Ebenso in die Mitte der Sache führen Erkundungen zu Begriffen wie „Person" oder „Seele".

Vergleichen lassen sich mittels entsprechendem Textmaterial verschiedene Menschenbilder der Geistesgeschichte[7] sowie der Religionen[8]. *Worin gleichen sich diese Entwürfe, worin liegen die Unterschiede? Was ist daran zeit- und kulturbedingt, was ist darin eine überzeitliche Einsicht? Wieweit helfen uns diese Ideen über den Menschen bei den Herausforderungen der Gegenwart? Welche lebenspraktischen Konsequenzen haben die verschiedenen Vorstellungen über das Menschsein?* usw.[9]

Was die Bibel über den Menschen zu sagen weiß, lässt sich ggf. auf einem indirekten Weg ermitteln. Eine gezielte Auswahl von Bibelzitaten (Genesis 1,26-27 / Genesis 2,7 / Genesis 2,15 / Genesis 3,19 / Psalm 8, 5-9 / Psalm 39,6-7 / Psalm 139,2-16 / Kohelet 3,18-20) ist auf deren Aussagen über das Wesen, die Rolle und die Existenzbedingungen des Menschen hin zu analysieren. Das Ergebnis sollte den oben genannten Kernpunkten der biblischen Perspektive entsprechen.

Auf diese Weise kann es gelingen, die im Lehrplan[10] (zum Lernbaustein 2.4: Ich – Du – Wir: Was ist der Mensch?) genannten Zielkompetenzen hinreichend zu realisieren:

- Menschsein im Spannungsfeld verschiedener Ansprüche und Gefährdungen wahrnehmen.
- Die vielfältigen Formen der Reduzierung des Menschen auf Funktionalität kritisch bewerten.
- Das christliche Menschenbild auf dem Hintergrund anderer Lebensentwürfe diskutieren.
- Eigenes und fremdes Leben als mit einzigartiger Würde ausgestattet verstehen und sich in der Praxis dafür einsetzen.

Quellen:

1 Vgl. Joseph. M. Bochenski: Wege zum philosophischen Denken, Herder, Freiburg 1959, 81
2 Norbert Scholl: Was der christliche Glaube will, Kösel, München 1988, 15
3 Vgl. neben den entsprechenden Artikeln in Lexika und Handbüchern Christoph Wulf (Hg.): Vom Menschen. Handbuch Historische Anthropologie, Beltz, Weinheim 1997
4 H. Vorgrimler: Neues Theologisches Wörterbuch, Herder, Freiburg 2000, 409
5 Katholischer Erwachsenen-Katechismus. Herausgegeben von der Deutschen Bischofs-konferenz, Kevelaer 1985, 14
6 Ebd., 117, dort genauer entfaltet.
7 Z. B.: http://wizard.webquests.ch/menschenbilder.html?page=6267
8 Siehe etwa: http://relilex.de/?s=mensch
   Andere Materialien unter:
   https://material.rpi-virtuell.de/facettierte-suche/?fwp_suche=Mensch
9 Eine knappe Zusammenfassung zentraler Einsichten über den Menschen bietet Rainer Winkel: Brauchen Kinder Religion?:
   https://www.rpi-loccum.de/material/pelikan/pel1-00/winkel
10 Hessisches Kultusministerium: Berufliche Schulen des Landes Hessen. Lehrplan Religion (katholisch), Wiesbaden 2016. Download unter:
   https://kultusministerium.hessen.de/sites/default/files/media/lp-_kath_religion.pdf
   Hilfen zu diesem Lernbaustein finden sich auch unter:
   https://bbs.bistumlimburg.de/fileadmin/redaktion/Bereiche/bbs.bistumlimburg.de/Materialien/LBS_2_4/LB_2_4_Was_ist_der_Mensch_N.pdf

Literatur:

- Der Glaube der Christen. Bd. 1. Ein ökumenisches Handbuch, herausgegeben von Eugen Biser u.a., Pattloch, München 1999, 1. Teil: Die Entdeckung des Menschen, 2-212, darin besonders Christian Schröer: Vom Wesen des Menschen, 82-105.
- Eugen Biser: Theologische Anthropologie, in: Neues Handbuch Theologischer Grundbegriffe, herausgegeben von Peter Eicher, Bd. 1, Kösel, München 2005, 25-34
- Ger Groot: Und überall Philosophie. Das Denken der Moderne in Kunst und Popkultur, dtv, München 2019
- Bernhard Grümme: Art. Anthropologie, in: https://www.bibelwissenschaft.de/stichwort/100185/
- Thomas Staubli / Silvia Schroer: Menschenbilder der Bibel, Patmos, Ostfildern 2014
- Andreas Wagner: Art. Mensch (AT), in: https://www.bibelwissenschaft.de/stichwort/26893/

Verknüpfungen:

→ Freiheit, → Gewissen, → Naturwissenschaft und Glaube, → Religion, → Tod

Anhang: 24-28

2.11 Mythos

1. Worum es in der Sache geht

Der Begriff M. in dieser Auswahl unterrichtsrelevanter Themen mag verwundern. Doch er trifft einen zentralen Nerv in der Vermittlung religiöser Inhalte. Es geht um nicht weniger als das Verhältnis von Sprache und Wirklichkeit, um das Wahrnehmen und Deuten dessen, was es mit der Welt und dem Menschen auf sich hat. Eigentlich gehören in diesen zu klärenden Bereich bedeutsamer Sprachformen auch Sagen, Legenden, Märchen und Träume. Doch deren Erörterung würde den hier gewählten Rahmen sprengen, weshalb ich mich auf die Mythen beschränken will. In diesen literarischen Gattungen begegnen uns Denk- und Sprechweisen, in denen unser Bewusstsein heute nicht mehr zu Hause ist, die uns fremd geworden sind und daher nicht mehr zu uns „sprechen". Doch gerade die Sprache der Religion wurzelt im mythischen Denken, was sich insbesondere an biblischen Texten und Motiven erkennen lässt. Es ist die Sprache der Symbole, die den Wesenszug dieser Ausdrucksweisen bildet und als solche „gelesen" und verstanden werden will.

Der Begriff M. stammt aus dem Griechischen und bedeutet allgemein „Wort", „Rede", „Erzählung" oder „Dichtung". Der Begriff wurde und wird sehr unterschiedlich verwendet, so dass Mythen weder eine einheitliche Gattung darstellen, noch auf gleichem Niveau angesiedelt sind. Mythen *„erzählen von der Urzeit, von der Schöpfung des Universums und der Erde, insbesondere von Göttern und Heroen, ihren Kämpfen. Leiden und Siegen. Auch Menschen sind in diese Welt eingebunden, weil sich göttlich und irdische Welt miteinander verschränken."*[1]

Typische Kennzeichen von Mythen bzw. der mythischen Sprache sind:
- Ein Mythos versteht die Welt aus der Perspektive des unmittelbaren Erlebens, nicht aus dem Abstand rationaler Reflexion. Reste mythischer Sprache leben immer noch in unsere Alltagsrede fort: der Sonnenaufgang und –untergang, das sich „der Himmel über uns wölbt" und beim Regen „seine Schleusen öffnet". Wir sprechen auch immer noch von einer „Sisyphusarbeit", einer endlosen „Odyssee" oder einer „babylonischen Sprachverwirrung".
- Alles Existierende wird als belebt und beseelt betrachtet: Quellen „murmeln", Zweige „rauschen", Vögel „singen", Berge „speien Feuer" und der Donner „grollt".
- Mythen entsprechen vielen menschlichen Grundbedürfnissen. Als Modelle der Welt- und Lebensdeutung antworten sie auf die Sehnsucht nach Geborgenheit und einer gewissen „Transparenz" der Geschehnisse. Dadurch verleihen sie dem Weltgeschehen einen nachvollziehbaren Sinn, erwecken und erhalten das Vertrauen in die oft als rätselhaft, feindselig und ungerecht empfundene Welt.

- In einem Mythos verbinden sich ein Gottes-, Welt- und Menschenbild. Diese Deutungen wurden im Rahmen von Festen und Feiern erinnernd vorgetragen, begleitet von Gesang, Tanz und Ritualen.[2]

In Mythen erzählen die alten Völker also, was ihr Leben trägt und bestimmt. Die Inhalte ereignen sich in einer unhistorischen Urzeit und erschließen existenzielle Wahrheiten, die in ihrer Gültigkeit nicht hinterfragt werden. Mythen fungieren somit als fundierende Erzählungen, mit denen politische oder religiöse Gemeinschaften ihre Identität begründen: Wer sind wir und was unterscheidet uns von anderen? Dieses Muster kehrt auch in biblischen Geschichten wieder, etwa die Paradiesgeschichte, der Kain-Abel-Konflikt, das Sintflut-Drama, das Exodus-Thema sowie die Christuserzählungen der Evangelien.[3] Im Neuen Testament sind beispielsweise die Szene vom Taufwunder (Mk 1,9ff), die Versuchung Jesu (Mk 4,1-11) oder die Verklärung Jesu (Mk 9,2ff) deutlich von mythischen Traditionen beeinflusst.

Es gibt mythische Erzähl-Motive, die uns seit Jahrtausenden begleiten, z. B. das Motiv des Drachenkampfes. Schon sumerische Rollsiegel aus dem 4. Jahrtausend v. Chr. zeigen Drachen als Mischwesen vom Typ einer geflügelten Schlange. *„Den Kampf gegen den Drachen nehmen in mesopotamischen Texten des ausgehenden 3. Jahrtausends zunächst lokale Gottheiten auf. In dem um 1600 v. Chr. niedergeschriebenen ugaritischen Baal-Zyklus wird der Kampf Marduks gegen Tiamat, die Personifikation des Urmeeres geschildert. Das Thema entfaltet sich in facettenreichen Mythen, die sich auch in der Bibel niedergeschlagen und dort im Buche Daniel wie in der Offenbarung des Johannes als Kampf Michaels mit dem Drachen von der Urzeit ans Ende der Zeiten rücken. In späteren Jahrhunderten führen Märchen und Legenden den Drachenkampf als Kampf gegen das Böse fort. (…) Diese Kontinuität der mythischen Stoffe und Themen gäbe es nicht, wenn die Menschen unabhängig von wechselnden Zeiten, Gefährdungen und Nöten nicht innerlich davon berührt würden. Darum bleibt der Mythos auch in der Moderne ein durchhaltendes Prinzip, das Bewusstmachung und Auseinandersetzung lohnt.“*[4]

Heute wird der Begriff M. auch für *„Ereignisse, Personen und Gegenstände, die einen hohen symbolischen Wert besitzen. So spricht man vom Faust-Mythos, aber auch vom Mythos Olympia, vom Mythos Fortschritt, vom Papst-Mythos oder vom Mythos Harley-Davidson.“*[5] Andererseits taucht z. B. das Drachen-Motiv auch im zeitgenössischen Kino wiederholt auf, z. B. in „Game of Thrones“ oder „Der Herr der Ringe“. Überhaupt rezipiert der Film gerne Erzählungen aus dem reichen Fundus der Mythen („Thor“, „Avengers“ usw.), wo es um Engel, Teufel und Dämonen geht oder Helden-Epen in unhistorischer Zeit („Conan“). Selbst der

Science-Fiction-Film greift mythische Elemente gerne auf („Star Wars", „Alien", „Prometheus", „Supermann", „Batman" u.a.).

Die oben genannte Wortbedeutung des M. als „Wort" und „Rede" weist noch auf eine wichtige Unterscheidung hin, da nicht jedes Wort wie das andere ist. Schon im antiken Griechenland wusste man verschiedene Sprachebenen zu unterscheiden. War zuvor der M. die vorherrschende Sprachform, etwa bei Homer, so wandelt sich die Sprachform mit dem Aufblühen der Philosophie (Platon, Aristoteles) hin zu einer begrifflichen, nüchternen und argumentierenden Redeweise. Wussten die Menschen früher noch nicht zu unterscheiden zwischen Wort und Bedeutung, war ihnen ihre symbolische Sprache als solche nicht bewusst. Der sogenannte Logos verdrängte mit der Zeit den M. als alles bestimmende Denkform. Im Logos (eben auch „Wort" im Sinne von Rationalität, Vernunft) sind dann die Wissenschaften zu Hause, im M. aber verbleiben Dichtung, Kunst und Religion. Der Sprachgebrauch des Logos ist klar, präzise und überprüfbar, macht wissend. Der M. dagegen will nicht beweisen, zielt auf einen umfassenden Sinn, macht weise. Beide gegeneinander auszuspielen zeugt von einem einseitig-verkürzenden Blickwinkel. Erst das konstruktive Miteinander von M. und Logos, Naturwissenschaft und Religion, vermag sich der Wahrheit zu nähern.

2. Worum es dabei im Religionsunterricht geht

Wie beschreibt man korrekt das, was ist? Wie genau nehmen wir die Wirklichkeit wahr? Wie teilen wir Beobachtungen und Erfahrungen dem Gegenüber so mit, dass das Gemeinte auch in diesem Sinne „ankommt"? Wie gut vermögen unsere Worte das Gedachte und Gefühlte dem Hörer zu vermitteln? Wann und wobei lassen uns die Worte im Stich, erlauben uns nur unzureichend oder auch gar nicht etwas zum Ausdruck zu bringen? Welche Wege der Vermittlung bleiben dann noch?

Es geht um das Zueinander von Sprache und Wirklichkeit. Wie exakt können wir eine Wirklichkeit in der Sprache abbilden? Halbfas nennt als Beispiele für das differenzierte Benennen der Dinge etwa die Bewohner von Lappland, die 20 verschiedene Worte für „Eis" kennen, je nach Zustand und Beschaffenheit. Die Beduinen klassifizieren das, was wir einfach nur „Sand" nennen, je nach Farbe, Festigkeit usw. mit zehn unterschiedlichen Wörtern. Und von den Indianern in Nordamerika konnte man lernen, Wolkenbildungen sprachlich so variable zu bezeichnen, *„dass diese mit dem Wortbestand einer europäischen Sprache nicht* *wiederzugeben sind. Wer aber für einen Sachverhalt den größeren Wortschatz hat, sieht mehr, unterscheidet genauer, beschreibt präziser.*"[6]

Das primäre Ziel ist also die Sensibilisierung für die verschiedenen Formen und Bedeutungsebenen von Sprache. Wie oben angedeutet kann diese einleitende Sprachlehre mit Märchen, Sagen, Legenden, Poesie oder auch entsprechenden Werken der Malerei durchgeführt werden. Das verstehende „Lesen" von Bildern, Symbolen, Metaphern und Motiven ist unverzichtbare Bedingung für das Verständnis religiöser Ausdrucksformen. Im vorliegenden Kontext bleiben wir beim Beispiel der Mythen, genauer noch: der Schöpfungsmythen.

Die Frage nach dem Ursprung, dem Woher der Welt, des Lebens und der Menschen bewegte unsere Vorfahren seit frühester Zeit. Die ältesten Antworten konnten nur im Rahmen eines mythischen Weltbildes Gestalt annehmen. Sie erzählen *„von einem Urgeschehen, von dem Aufstieg einer Welt aus dem Nichts am Anfang. Immer ist es ein göttliches Urwesen – oft einfach da, oft aus dem Nichts hervorgehend – das aus einem Ur-Chaos eine Ordnung schafft, einen Kosmos, in dem Menschen dann leben, ihren Weg antreten können. (…) Schöpfungsmythen helfen, zugleich sinnvoll mit der Gottheit zu leben und sinnvoll mit den Menschen umzugehen"*.[7] Unabhängig voneinander weisen die Mythen vieler Völker erstaunliche Ähnlichkeiten auf.

In einem ersten Schritt kann der Begriff des M. durch den Vergleich verschiedener Quellentexte in Umrissen bestimmt werden.[8] Auf diesem Hintergrund können konkrete Beispiele von Schöpfungsmythen vergleichend genauer betrachtet werden. Hier eine kleine Auswahl[9]:

1. Griechenland (Hesiod):
Zuallererst war Chaos da. Es war der leere Raum. Und dann war da Gaia, die Urmutter Erde. Und dann war da Tartaros, der Abgrund. Und dann war da Eros, die Kraft der Liebe. Eros wirkt auf ewig. Und aus dem Chaos ging Dunkel hervor. Und dann erschien das Licht. Und Gaia erzeugte Himmel und Erde; der Himmel war Uranos. Und Gaia verband sich mit Uranos.

2. Nordamerika (Hopi):
Die erste Welt war Tokpela - unendlicher Raum. Zuerst, so heißt es, gab es nur den Schöpfer Taiowa. Alles übrige war unendliche Leere ohne Anfang, ohne Ende, ohne Zeit, ohne Form, ohne Leben. In dieser unermesslichen Leere waren Anfang und Ende, Zeit, Form und Leben allein im Geist des Schöpfers Taiowa. Denn er, der Unbegrenzte, erdachte das Begrenzte.

3. Mittelamerika (Maya):
Das ist die Kunde: Da war das ruhende All. Kein Laut. Reglos und schweigend
die Welt. Und des Himmels Raum war leer. Dies ist die erste Kunde, das erste
Wort. Noch war kein Mensch da, kein Tier. Vögel, Fische, Schalentiere, Bäume,
Steine, Höhlen, Schluchten gab es nicht. Kein Gras. Keinen Wald. Nur der
Himmel war da. Noch war der Erde Antlitz nicht enthüllt. Nur das sanfte Meer war
da und des Himmels weiter Raum. Noch war nichts verbunden. Nichts gab Laut,
nichts bewegte, nichts erschütterte, nichts brach des Himmels Schweigen. Noch
gab es nichts Aufrechtes. Nur die ruhenden Wasser, das sanfte Meer, einsam
und still. Nichts anderes.

4. Indien (Rigveda):
Nicht Nichtsein war damals und nicht das Sein. Kein Luftraum war, kein Firma-
ment. Wer hielt die Welt? Wer schloss sie ein? War es das Wasser im Abgrund?
Nicht Tod war da und nicht das Leben, nicht Sonne, nicht Mond und nicht die
Sterne. Dann aber kam es zum Seienden. Das Eine war da. Da war Atem.
Dunkelheit war noch in der Welt. Das All – ein großes Gewoge.

Aus diesen und weiteren Textbeispielen lässt sich ein erstes Grundmuster dieser Erzählungen erkennen:
- Wiederholte Urbilder des Anfangs: Nichts / Leere / Dunkelheit / Chaos / Abgrund und Wasser;
- Am Anfang existierte nur eine Gottheit (oder ein Götterpaar), die selber ohne Ursprung ist und alle Dinge und Lebewesen erschafft;
- Die Welt erhält ihre Ordnung (Naturgesetze) von Gott (Göttern)
- Schöpfung meint eine grundlegende Veränderung: Aus dem Nichts wird Etwas, aus der Einheit entsteht Vielfalt, aus Chaos wird Ordnung, aus der Finsternis entspringt Licht, aus Leere und Ruhe entstehen Leben und Bewegung usw.

Spätestens an dieser Stelle dürften auch von den SchülerInnen erste assoziative Verbindungen gezogen werden zu den biblischen Schöpfungsgeschichten. Da die Erzählungen in Genesis 1 und 2 einen deutlich mythischen Charakter aufweisen, wird es nun leichter fallen, diese biblischen Texte angemessen zu lesen, zu interpretieren und zu den Auskünften der modernen Kosmologie sachgerecht in Beziehung zu bringen.[10]

Quellen:

1 Hubertus Halbfas: Religiöse Sprachlehre, Patmos, Ostfildern 2012, 85
2 Vgl. Ilsetraut Ix/Rüdiger Kaldewey: Was in Religion Sache ist. Lern- und Lebenswissen, Patmos, Düsseldorf 1988, 193
3 Vgl. Rüdiger Kaldewey/Franz W. Niehl: Grundwissen Religion, Kösel, München 2009, 25
4 Halbfas (Anm. 1), 86
5 Kaldewey/Niehl (Anm. 3), ebd.
6 Hubertus Halbfas: Religionsbuch für das siebte und achte Schuljahr, Patmos, Düsseldorf 1990, 153
7 Dietrich Steinwede/Dietmar Först: Die Schöpfungsmythen der Menschheit, Patmos, Düsseldorf 2004, 9.15
8 Entweder durch Auszüge aus der hier zitierten Literatur oder durch das Aufsuchen bestimmter Internetseite, z. B.
   http://relilex.de/mythe/
   http://relilex.de/mythos/
   https://www.wissen.de/lexikon/mythos
   https://de.wikipedia.org/wiki/Mythos
   http://www.mythentor.de/sagen.htm
9 Alle gekürzt und leicht verändert entnommen der Sammlung von Steinwede/Först (Anm. 7). Empfehlenswert ist auch eine visuelle Variante, z. B. der Mythos von Prometheus, siehe: https://www.youtube.com/watch?v=npezlVj7va0
   (= Die großen Mythen S01E03 Gott vs. Götter: Prometheus)
10 Vgl. Reiner Jungnitsch: Hinwege zum Glauben, BoD, Norderstedt 2018, 86-130

Literatur:

- Eugen Drewermann: Tiefenpsychologie und Exegese, Bd. 1: Die Wahrheit der Formen, Walter, Olten 1984
- Erich Fromm: Märchen, Mythen, Träume, DVA, Stuttgart 1980
- Monika u. Udo Tworuschka: Schöpfungsmythen, primus, Darmstadt 2011
- Axel Weiß/ F. P. Burkard: Geheimnisvoller Kosmos. Wie Menschen sich die Welt erklärten, Herder, Freiburg 1994
- Vera Zingsem: Die Weisheit der Schöpfungsmythen. Wie uralte Geschichten unser Denken prägen, Kreuz, Stuttgart 2009

Verknüpfungen:

→ Gott/Gottesbilder, → Naturwissenschaft und Glaube, → Religion

Anhang: 29

2.12 Naturwissenschaft und Glaube

1. Worum es in der Sache geht

Den heranwachsenden SchülerInnen stellen sich Naturwissenschaft und Glaube oft als Widerspruch dar: Wer naturwissenschaftlich denkt, kann bzw. muss nicht glauben. Wer intellektuell einigermaßen aufgeklärt ist, dem bleiben die meisten theologischen und biblischen Begriffe und Inhalte fremd und unverständlich. Skepsis oder Ablehnung sind dann die folgerichtige Reaktion. Hintergründe dieser Auffassung sind nicht nur die (irrtümlich) wörtlich verstandenen biblischen Texte. Auch die Positionen der so genannten „Kreationisten" und ihr fanatischer Kampf gegen Darwins Evolutionslehre nähren eher die Abneigung gegenüber Bibel und Glaube. Umgekehrt bekämpfen heute atheistisch eingestellte Naturwissenschaftler den vermeintlich irrationalen Glauben durch eine Absolutsetzung rationaler, sprich wissenschaftlicher Welterklärung.

Sachliche Klarstellungen sind bei dieser scheinbar unversöhnlichen Konfrontation erforderlich, um die konstruierte Gegensätzlichkeit von Naturwissenschaft und Religion offenzulegen. Es ist ein Konflikt, der eigentlich keiner ist – oder zumindest heute keiner mehr sein muss.

Der behauptete Gegensatz hat eine lange Vorgeschichte. Er begann mit der Verdrängung des geozentrischen Weltbildes durch das heliozentrische (Kopernikus, Kepler, Galilei), die von der Kirche als Widerspruch zur biblischen Offenbarung Gottes aufgefasst wurde. Im 19. Jahrhundert entzündete sich der Streit um Darwins Evolutionslehre, bei der wiederum die biblische Sicht über den Menschen konträr zu den neuen wissenschaftlichen Erkenntnissen zur Entstehung der Arten gesehen wurde. *„Gegenseitige Grenzüberschreitungen, Ignoranz und Dogmatismus haben in der Folge zur Entfremdung von Religion und Naturwissenschaft geführt."*[1]

Aus der langen Konfliktgeschichte haben allerdings beide Seiten auch gelernt. Erst allmählich kristallisierte sich ein korrektes Selbst- und Sachverständnis heraus: Wie arbeitet die Naturwissenschaft? Wo liegen ihre Grenzen? Wie sind die biblischen Texte angemessen zu verstehen? Wie verhalten sich letztlich Wissen und Glauben zueinander? usw. Erst diese Klärungen verhelfen zu einem förderlichen Klima des Dialoges.

So lässt sich heute über die Naturwissenschaft sagen: Jeder Physiker, Biologe oder Chemiker beschäftigt sich mit Erscheinungen, die irgendwie messbar sind, deren Ursachen und Bedingungen erklärbar sind. Die Beobachtungen und

Experimente müssen sich zudem wiederholen lassen und werden dadurch vorhersagbar. Jeder andere Wissenschaftler kann sie dann unter gleichen Bedingungen nochmals überprüfen. Das wissenschaftliche Arbeiten folgt dabei einer strengen methodisch-kritischen Vorgehensweise. Am Ende stehen dann mehr oder wenige komplexe Theorien über die Abläufe in der uns umgebenden Natur, vom Aufbau der Atome, dem Stammbaum des Menschen, der Wirkung von Viren und Bakterien, dem Wesen der Schwerkraft oder dem Anfang von allem, dem Urknall. Das Ziel ist neben dem Verstehen die technische und wirtschaftliche Nutzung des gewonnenen Wissens.

Naturwissenschaftliche Forschung ist ein offener Prozess, der faktisch nie abgeschlossen ist. Ständig werden neue Entdeckungen gemacht und neue Erkenntnisse gewonnen. Das macht die Naturwissenschaften zu einem erfolgreichen Denk- und Arbeitsmodell zur Erfassung und Erklärung der natürlichen Vorgänge unserer Welt. Der technischen Nutzung dieser Erkenntnisse verdanken wir eine Vielzahl von großen und kleinen Helfern unseres Alltags, vom Auto bis zum Flugzeug, vom Geschirrspüler bis zum Handy.

Der streng-methodische Weg der Naturwissenschaft, uns die Welt zu erklären, ist aber bei genauerem Hinsehen nur ein Weg unter mehreren, wie wir uns und die Welt verstehen können. Diese Einsicht zeigt zugleich die Grenzen des naturwissenschaftlichen Weges auf. Nur zwei Problembereiche seien hier genannt: Viele naturwissenschaftlichen Erkenntnisse führen zu Anwendungen, die eine Sache zu einem ethischen oder politischen Problem werden lassen. Die Entdeckung der Kernspaltung führte zur Atombombe und zu Kernkraftwerken. Die Physiker selber können aber im Rahmen ihrer Wissenschaft keine Antwort darauf geben, *ob und wie* diese Waffe eingesetzt werden soll, *ob es verantwortlich ist*, weiterhin Atomkraftwerke zu bauen, solange keine brauchbare Lösung für die Beseitigung des radioaktiven Abfalls gefunden wurde. Auch die Entdeckung des genetischen Codes und die Entschlüsselung des menschlichen Erbgutes bringen Fragen mit sich, die über die Biologie hinausgehen: Soll es erlaubt sein, Menschen zu klonen? Ist die Forschung an menschlichen Embryonen zulässig? Wie weit ist ein manipulierender Eingriff in das Erbgut eines Menschen vertretbar? Wie unbedenklich sind die Aussaat und Nutzung gentechnisch veränderter Pflanzen, die am Ende auf unserem Teller landen? usw.

Zum anderen bietet der naturwissenschaftliche Blick auf die Welt und das Leben auch keine gültigen Antworten auf die großen Fragen nach dem Woher, Wohin und Wozu. Welchen Sinn das Ganze hat, warum ich fair und rücksichtsvoll sein soll, welchen Beruf ich ergreifen soll, wie ich mit einem Schicksalsschlag fertig werde, ob ich meine Freundin heiraten soll, warum gerade ich mit dieser Erbkrankheit geboren wurde usw. Alle ethischen, politischen, philosophischen und religiösen Fragestellungen gehören prinzipiell nicht zur naturwissenschaftlichen Agenda. Diese Selbstbegrenzung markiert ihren Erfolg, signalisiert aber zugleich die Gefährdung zur Verabsolutierung rational-wissenschaftlicher Erklärungen über Welt, Leben und Mensch. So stellte schon Ludwig Wittgenstein fest: Wir fühlen, dass, selbst wenn alle möglichen wissenschaftlichen Fragen beantwortet sind, unsere Lebensprobleme noch gar nicht berührt sind.[2]

Im Kontrast zur Naturwissenschaft stehen im Focus der Religion und des Glaubens genau die eigentlichen Daseinsfragen des Menschen: Woher kommen wir? Wohin gehen wir? Wer sind wir? Was sollen wir tun? Antworten auf diese Fragen zu finden verlangt eine andere Herangehensweise und eine andere Sprache. So gehört es inzwischen zum exegetischen Allgemeingut, die Schöpfungserzählungen der Bibel (Genesis 1 und 2) unter dem Blickwinkel des Mythos zu lesen. *„Die Bilder des Mythos sind weniger scharf, dafür aber umso reicher an Bedeutungen. Wenn der Glaube von Schöpfung spricht, sind in einem solchen Begriff zwar auch Vorstellungen von der Entstehung der Welt enthalten, wie sie im Alten Orient verbreitet waren. Aber die Welt als Schöpfung zu verstehen, schließt auch das Bekenntnis ein, dass sich die Menschen in einer vertrauenswürdigen und lebensfördernden Welt vorfinden. Als Mitgeschöpfe tragen sie für diese Schöpfung Verantwortung; sie sollen sie pflegen und weiterentwickeln. Religiöse Sprache ist deshalb nicht nur beschreibend, sondern in erster Linie ,performativ' und ,appellativ' in dem Sinne, dass sie den Gläubigen einen Ort in der Welt zuweist, ihnen Aufgaben und Verantwortung überträgt und sie dadurch zu Kulturwesen macht."*[3]

Die Merkmale beider Bereiche werden nun kenntlich: Naturwissenschaft und Religion sind je eigenständige und voneinander unabhängige Zugangswege zur Welt. Die Naturwissenschaft *erforscht* die empirische Wirklichkeit, um sie *erklären* und nutzen zu können. Die Religion *deutet* das Menschsein in dieser Welt.

Damit ergibt sich quasi ein komplementäres Zueinander, das einen Dialog nötig und möglich macht. Erst Grenzüberschreitungen führen zu problematischen Situationen. Der Glaube überschreitet seine Grenzen, *„wenn er als >Kreationismus< entgegen gesicherten Kenntnissen der Naturwissenschaften die Schöpfungsgeschichte der Bibel wörtlich versteht oder wenn er (in der Theorie des >Intelligent Design<) nach Art mittelalterlicher Gottesbeweise auf einen >intelligenten< Schöpfer schließt, der sich an der vermeintlich zielgerichteten und gesetzmäßigen Evolution erkennen lässt. Die Naturwissenschaften überschreiten ihre Grenzen, wenn aus partikularen Erkenntnissen in ideologischer Weise weltanschauliche Systeme konstruiert werden (z.B. Rassenideologie, Reduktion der Menschen auf ihre biologischen Funktionen unter Leugnung der Willensfreiheit oder Schuldfähigkeit, Konstruktion eines materialistischen Weltbilds)."*[4]

Es gibt nur *eine* Wirklichkeit, die sich aber vielschichtig zeigt und auf vielerlei Weise. Sie möglichst tief zu erfassen, braucht es unterschiedliche Wege und Methoden. Die spannungsreiche Wirklichkeit gilt es zusammenzuhalten, ohne einen Aspekt auszuklammern oder zu verabsolutieren. Die Fülle der Welt und des Lebens ginge sonst verloren. Das menschliche Erkennen entspricht auf seine Weise der facettenreichen Wirklichkeit: *„ganz gewiß vernünftiges Denken, kritische Analyse und rationale Reflexion, aber ebenso auch Phantasie, Instinkt, Gefühl und Wille, Intuition, Imagination, und Meditation. Der Mensch erkennt nicht nur mit dem »Kopf«, sondern auch mit dem »Herzen«, und es kommt jeweils darauf an, auf welche Weise sich ihm die Welt tiefer erschließt; bisweilen kann er mit dem Herzen vernünftiger denken als mit dem Kopf."*[5]

2. Worum es dabei im Religionsunterricht geht

Differenzierte Darstellungen und Argumentationen über das Verhältnis von Naturwissenschaft und Religion/Glaube sind nicht nur bei jungen Menschen schwer zu finden. Allzu schnell wird einseitig der (biblische) Glaube im Namen der Vernunft entsorgt, weil er beispielsweise mit wissenschaftsfeindlichem Irrationalismus und blindem Fanatismus verwechselt wird. Die Einsicht, dass Glaube und Naturwissenschaft letztlich in einem komplementären, nicht aber konkurrierenden Verhältnis zueinanderstehen, ist vielfach ein mühseliger Lernprozess. Ein herausragender Ort dazu ist der Religionsunterricht.

Die vielleicht beliebteste Reibungsfläche des Themas ist die Frage nach der Weltentstehung: Urknall contra göttliche Schöpfung in sieben Tagen – so der oft genannte Gegensatz. Die Hinarbeit zur Einsicht, dass dies eine falsche Alternative darstellt, braucht etwas Atem. Der hessische Lehrplan für die Berufsschule formuliert die anzustrebenden Kompetenzen (zum Lernbaustein 3.2: Naturwissenschaft und Glaube):[6]
1. Verschiedene und scheinbar widersprüchliche Positionen zur Weltdeutung in ihren Ansätzen und Begründungen sachgerecht beschreiben können.
2. Zwischen den Eigenarten religiöser und naturwissenschaftlicher Sprache und Erkenntnis differenzieren.
3. Die gegenseitige Ergänzung von Naturwissenschaft und Glaube zu einer umfassenden Deutung der Wirklichkeit und Lebensgestaltung verstehen und darstellen.

Für eine ausführliche Darstellung der nötigen Arbeitsschritte ist hier nicht der Platz. Dennoch möchte ich eine m. E. sachdienliche Schrittfolge in der Thematik kurz skizzieren:[7]

1. Da die SchülerInnen wesentlich von einem wissenschaftlich-technischen Denken geprägt ist, bietet es sich an, die Erkundung mit der naturwissenschaftlichen Seite zu beginnen. Was bedeutet „Urknall"? Wann war er? Woher wissen wir davon? Wie entstand die „Urknalltheorie"? Welche Fragen lässt sie offen?
2. Nun wäre grundsätzlicher zu fragen: Wie arbeitet ein Naturwissenschaftler? Wie kommt er zu seinen Erkenntnissen? Wie sicher sind diese Erkenntnisse? Wo liegen die Grenzen der Naturwissenschaft? Welche Fragen stellt sie nicht? Worauf kann sie keine Antworten geben?
3. Im Gegenzug braucht es eine kurze Klärung der Eigenart der Religion als auch des Glaubens.
4. Vor der eingehenderen Analyse der biblischen Schöpfungserzählungen kann als Zwischenschritt ein Blick auf die Mythologie nützlich sein, da deren Charakter in den Genesis-Texten wieder auftaucht. (Mythen zum Ursprung der Welt sind im Internet leicht zu finden, ebenso Videomaterial)
5. Die ersten Kapitel der Genesis sind erstmal als verschiedene Erzählungen zu identifizieren (1,1-2,4a und 2,4b-2,25), die sich formal zu widersprechen scheinen, dennoch aber die gleiche Grundbotschaft vermitteln. Es wird ersichtlich, dass die biblischen Autoren eben *nicht* die Frage nach einem physikalischen Anfang der Welt stellten, sondern (in mythischer Sprache) eine fundamentale Deutung der Welt und des menschlichen Lebens liefern wollten.
Die Grundaussagen der Bibel können etwa so zusammengefasst lauten:
- Die Welt ist nicht das Ergebnis eines blinden Zufalls, sondern hat einen Schöpfer, der will, dass alles existiert, blüht und gedeiht.
- Die gesamte Schöpfung ist ein Geschenk, für das wir Verantwortung tragen.
- Alle Lebewesen sind als Geschöpfe aus dem gleichen „Stoff", dem „Ackerboden" gemacht, also miteinander verwandt.
- Der Mensch ist ein Teil der Natur, doch unterscheidet er sich in seiner Art von den anderen Lebewesen. Er kann abstrakt denken und verfügt über eine hochentwickelte Sprache. Dadurch steht er in einer besonderen Beziehung zu Gott. (Daraus leiten sich letztlich die Personenwürde jedes Einzelnen und die Menschenrechte ab!)
- Er lebt „als Mann und Frau" in gleichberechtigter Gemeinschaft.[8]

Gerade angesichts heutiger Krisenszenarien (Klima, Nahrung, Wasser usw.), die von einem einseitigen und rücksichtslosen Umgang mit der Natur zeugen, erhält die biblische Perspektive eine ungeahnte Aktualität und Brisanz.

Quellen:

1 R. Kaldewey/F. W. Niehl: Grundwissen Religion, Kösel, München 2009, 29
2 ausführlicher dazu: Reiner Jungnitsch: Hinwege zum Glauben, BoD, Norderstedt 2018, 86-130
3 Kaldewey/Niehl (Anm. 1), 30f
4 Ebd., 31
5 Heinz Zahrnt: Gotteswende, Serie Piper 1552, München 1992, 68
6 https://kultusministerium.hessen.de/sites/default/files/media/lp-_kath_religion.pdf
7 ich folge hier meinem Unterrichtsvorschlag in Anm. 2
8 zitiert nach R. Jungnitsch: Wie soll das einer glauben? Die Geschichten der Bibel besser verstehen, BoD Norderstedt 2018, 33

Literatur:

- Albert Biesinger u.a.: Gott, der Urknall und das Leben, Kösel, München 1996
- Hans-Peter Dürr u.a.: Gott, der Mensch und die Wissenschaft, Pattloch, Augsburg 1997
- Hans-Peter Dürr / Marianne Oesterreicher: Wir erleben mehr als wir begreifen. Quantenphysik und Lebensfragen, Herder Spektrum 4847, Freiburg 2001
- Medard Kehl: Und Gott sah, dass es gut war. Eine Theologie der Schöpfung, Herder, Freiburg 2006
- Hans Kessler: Evolution und Schöpfung in neuer Sicht, Butzon & Bercker, Kevelaer 2009
- Hans Küng: Der Anfang aller Dinge. Naturwissenschaft und Religion, Piper, München 2005
- Volker Ladenthin: Was wir wissen können und was wir glauben müssen, Echter, Würzburg 2018
- Andreas Losch / Frank Vogelsang (Hg.): Wissenschaft und die Frage nach Gott, Evang. Akademie im Rheinland, Bonn 2015
- Gert Scobel: Der Ausweg aus dem Fliegenglas. Wie wir Glauben und Vernunft in Einklang bringen können, Fischer, Frankfurt/M. 2010
- Hans-Rudolf Stadelmann: Im Herzen der Materie. Glaube im Zeitalter der Naturwissenschaften, WBG, Darmstadt 2004

Verknüpfungen:

→ Glaube → Mensch, → Mythos, → Religion

Anhang: 30-31

2.13 Religion

1. Worum es in der Sache geht

Was ist Religion? Der Versuch einer Antwort auf diese Frage gestaltet sich schwieriger als gedacht. Wie bringt man die Vielfalt der konkreten Religionen aus Vergangenheit und Gegenwart auf einen Nenner, um das Wesentliche der Sache genau erfassen und beschreiben zu können? Die Typen von Religionen sind allzu verschieden und teils unvergleichbar: Naturreligionen, Volks-religionen, Universalreligionen, Buchreligionen, Offenbarungsreligionen, Religionen mit und ohne eine personale Gottesvorstellung usw.   Religionen sind äußerst komplexe Phänomene. Da gebieten Respekt und Sachlichkeit eine entsprechende Zurückhaltung.[1] In der Religionswissenschaft gilt deshalb die Einsicht, dass es eine allgemeingültige Definition von R. nicht gibt.

Trotzdem lässt sich das Phänomen unter verschiedenen Perspektiven vorsichtig annähernd umschreiben. Von besonderer Bedeutung sind dabei inhaltliche und funktionale Aspekte. Dazu ein paar Beispiele:

Vier kennzeichnende Merkmale der R. umreißt z. B. Hans Küng, die die R. dem Menschen ein „Mehr" für sein Leben eröffnen und schenken:

1) Religion vermag eine spezifische Tiefendimension, einen umfassenden Deutungshorizont angesichts von Leid, Ungerechtigkeit, Schuld und Sinnlosigkeit und einen letzten Lebenssinn auch angesichts des Todes zu vermitteln: das Woher und Wohin unseres Daseins.

2) Religion vermag oberste Werte, unbedingte Normen, tiefste Motivationen und höchste Ideale zu garantieren: das Warum und Wozu unserer Verantwortung.

3) Religion vermag durch gemeinsame Symbole, Rituale, Erfahrungen, Ziele ein Zuhause des Vertrauens, des Glaubens, der Gewissheit, Ich-Stärke, Geborgenheit und Hoffnung zu schaffen: eine geistige Gemeinschaft und Heimat.

4) Religion vermag Protest und Widerstand gegen Unrechtsverhältnisse zu begründen: die schon jetzt wirksame, unstillbare Sehnsucht nach dem „ganz Anderen".[2]

In diesem Umriss verdeutlicht sich schon die Achse, um die sich alle Erscheinungsformen der R. bewegen: der Mensch in all seiner Fraglichkeit, seiner unsicheren Existenz und seinen tiefsitzenden Sehnsüchten, seinem unablässigen Ringen nach gültigen Antworten auf die fundamentalen Lebens-fragen.

Diesen Fragehorizont, in dem sich alle Religionen begegnen, formuliert in prägnanter Weise das Konzilsdokument „Nostra Aetate", die Erklärung über das Verhältnis der Kirche zu den nichtchristlichen Religionen:

„Die Menschen erwarten von den verschiedenen Religionen Antwort auf die ungelösten Rätsel des menschlichen Daseins, die heute wie von je die Herzen der Menschen im tiefsten bewegen: Was ist der Mensch? Was ist Sinn und Ziel unseres Lebens? Was ist das Gute, was die Sünde? Woher kommt das Leid, und welchen Sinn hat es? Was ist der Weg zum wahren Glück? Was ist der Tod, das Gericht und die Vergeltung nach dem Tode? Und schließlich: Was ist jenes letzte und unsagbare Geheimnis unserer Existenz, aus dem wir kommen und wohin wir gehen?"[3]

So sehr diese Fragen allen Religionen gemeinsam sind, so unterschiedlich sind sie zugleich in den Antworten darauf. Diese Vielfalt lässt nicht nur staunen über die möglichen Wege menschlichen Denkens und Glaubens, sie fordert für das friedliche Miteinander zum interreligiösen Dialog heraus, dem Anerkennung, Respekt und Verstehenwollen vorangehen müssen.

Wenn sich also auf die Frage nach dem Wesen der R. bisher herausgestellt hat, dass sie sich letztlich immer um die existentiellen Fragen des Menschen dreht, lässt sich - ohne vereinnahmen zu wollen, sondern in nüchtern-sachlicher Betrachtung - die Behauptung wagen, dass R. etwas typisch Menschliches ist. Wenn es so steht, dass sich jeder Mensch auf seine Weise mit diesen Existenzfragen auseinandersetzen muss, heißt das im Klartext: einen nicht-religiösen Menschen kann es bei dieser Bestimmung von R. nicht geben.
„Der Natur des Menschen entspringt die gedankliche Notwendigkeit, sich mit den Eigenheiten dieser Natur zu beschäftigen: z. B. mit der Eigenheit seiner Endlichkeit. Wir sterben nicht nur, wie alle Lebewesen; wir wissen, dass wir sterben. Und diesem Wissen muss man sich stellen. Religion heißt zuallererst, sich diesem Wissen zu stellen. Und in diesem Sinne sind alle Menschen religiös. (…) Der Tod stellt alle Menschen vor die Frage, wie sie mit diesem Wissen handeln, sei es nun, dass sie mit dem eigenen Tod auch die Verantwortung für alles andere enden lassen, sei es, dass der Tod eben keine Grenze ist, nach der die Verantwortung aufhört."[4]

In der Frage nach dem Tod und der sich daraus ergebenden Konsequenzen für die konkrete Lebensgestaltung sieht Volker Ladenthin den thematischen Kern aller R.: Wie leben wir richtig angesichts der Tatsache unserer Endlichkeit?

Bei der Suche nach einem letztgültigen Sinn unserer Lebenspraxis kommt der R. eine bezeichnende Ratgeberrolle zu: *„Sie ist nämlich der stete Zweifel daran, dass ein endgültiger Lebenssinn in der Welt der Fakten gefunden werden kann. Religion ist der Zweifel daran, dass sich ein letzter Lebenssinn von Menschen formulieren lässt. Religion ist der Zweifel an irdischer Endgültigkeit. Sie gibt uns* *die Suche als Dauerauftrag. Sie lässt uns nicht rasten und ruhen, weil sie sagt, dass nichts endgültig ist, was Menschenhand herstellt. Religion ist der Antrieb, sich nicht mit dem abzufinden, was wir vorfinden.*"[5]

Einem weitverbreiteten Vorurteil gegenüber der R. (vor allem in ihrer kirchlich-institutionellen Gestalt), sie verlange unkritische Zustimmung und bestehe quasi auf dem bedingungslosen Gehorsam der Gläubigen, betonte der frühere Mainzer Bischof Karl Kardinal Lehmann: *„Jede Religion muss die recht verstandene Freiheit der Menschen fördern. Gewiss kennt jede Religion Ordnung und Bindung an ethische Normen und religiöse Weisungen. Auch gehören Gehorsam und Gemeinschaftsverpflichtung zu jeder Religion. Aber ein maßgeblicher Beweggrund für jede Religion besteht in der Überwindung infantiler Bevormundung und in der Förderung wahrer Freiheit zu einem guten Leben. Die eigene Kritik- und Denkfähigkeit muss gefördert und vertieft werden. (…) Jede Religion möchte dem einzelnen Menschen und den religiösen Gemeinschaften zum Finden eines unverlierbaren Lebenssinnes und auch zu einer letzten Geborgenheit verhelfen. Sie macht die Menschen nicht weltflüchtig, sondern hilft ihnen, die Gefährdungen dieses Lebens zu bestehen und an ihnen nicht zu zerbrechen.*"[6]

Religiös zu sein heißt also, wie Paul Tillich es formulierte, *„leidenschaftlich nach dem Sinn unseres Lebens zu fragen und für Antworten offen zu sein, auch wenn sie uns tief erschüttern. Eine solche Auffassung macht die Religion zu etwas universal Menschlichem, wenn sie auch von dem abweicht, was man gewöhnlich unter Religion versteht.*"[7] Und diese Suchbewegung in Sachen Sinn bleibt ihrerseits sinnlos ohne radikalen Zweifel, mutige Kritik und schrankenfreies Nachdenken.[8]

Alles bisher Gesagte betrifft jedoch mehr die Außenseite der R. Die eigentliche Basis aller religiösen Deutungen und Praktiken liegt jedoch tiefer. Es geht um besondere Erfahrungen, die das Leben und die Welt in einem neuen Licht erscheinen lassen, die den Blick erweitern und alles in einem größeren Zusammenhang erscheinen lassen. Aber diese *„religiöse Erfahrung ist merkwürdig paradox. Auf der einen Seite gibt sie einem das Gefühl, winzig klein zu sein in einem unermesslichen und staunenswerten Kosmos. Auf der anderen Seite rückt sie die Welt und das Leben in das Licht einer starken und kaum auszulotenden Bedeutungstiefe.*"[9]

Und das zeigt: „Religion ist im Kern immer ein Vorgang der Bewusstwerdung, der aus dem Erlebnis der Verbundenheit kommt."[10]

Die R. basiert also auf unbedingten Erfahrungen, die ebenso subjektiv wie flüchtig sind. Sie zeigen sich jedoch „*so beeindruckend, so erschütternd und vor allem so bedeutsam sein, dass sie sich ganz von selbst ihren bleibenden Ausdruck sucht: in Gleichnissen, Bekenntnissen, heiligen Schriften, Dogmen, und dann auch in Kirchenräumen, einer Anhänger- und einer Priesterschaft und einer religiösen Moral. (…) Kurz gesagt: Religion ist die innere Resonanz auf die Wahrnehmung der großen, unendlichen Welt. Sie ist die Erfahrung eines gesteigerten Bewusstseins, das mit einem Gefühl der Verbundenheit mit dem großen weiten Leben einhergeht.*"[11]

2. Worum es dabei im Religionsunterricht geht

Um mit den SchülerInnen über R. ins Gespräch zu kommen, gilt es bei ihren Erfahrungen, Beobachtungen und Vorkenntnissen anzuknüpfen. Viele der Jugendlichen verfügen heute jedoch kaum noch über nennenswerte Wissensanteile der christlichen R., in der sie einst getauft wurden. Kirchliche Sozialisierungs-Schritte (Erstkommunion, Firmung, Konfirmation) wurden meist nur als gemeindliche und familiäre Tradition „mitgemacht", ohne eine tiefere Verwurzelung im Glauben zu bewirken. Zunehmend wird jede schulische Lerngruppe inzwischen von konfessionsfreien (ungetauften) Jugendlichen geprägt, oder solchen, die einer anderen R. zugehören. Diese Bedingtheiten seitens der SchülerInnen sollten der Lehrkraft bekannt und bewusst sein, um die ersten Fragen und Impulse angemessen und motivierend zu gestalten.[12]

Ganz nüchtern und objektiv lässt sich klären, wie sehr unser privates und gesellschaftliches Leben durch die R. mitbestimmt wird: Wo kommt R. in unserem Alltag vor? Die (Tafel-)Sammlung zeigt ein erstaunlich breites Spektrum: Vornamen, Datum, Feste, Kirchengebäude, Wochentage, Monatsnamen, Kleidung, Essen, Kunst u.v.a.m.

Wozu aber haben Menschen überhaupt Religion? Worum geht es letztlich in allen Religionen? Wie sind sie entstanden? Welche Bedeutung haben sie in der Welt von heute? Wieso kommt es zur Verbindung von Religion und Gewalt? Wie ist die Rolle von Männern und Frauen in den Religionen? usw. Alle Erkundungen und Klärungen sollten perspektivisch in dem münden, was oben (Nr. 1) skizziert wurde.

Um das Grundmuster jeder R. zu ermitteln und auf eine (wenn auch formale) „Formel" zu bringen, können auch diverse Lexikon-Einträge (Internet oder Textvorlage) verglichen werden. Als Resultat dürfte sich ergeben, was etwa das ehemalige Microsoft-Lexikon „Encarta" so formuliert: *„Eine Religion stellt ihren Anhängern einen Orientierungs- und Verständnisrahmen für die Welt zur Verfügung. Sie erklärt ihnen nicht nur, wie sie die Welt verstehen können, sondern auch, welchen Platz sie in ihr haben und wie sie in ihr handeln sollen."*[13]

Quellen:

1 Vgl. Winfried Löffler: Einführung in die Religionsphilosophie, WBG, Darmstadt 2013[2], 9ff
2 Vgl. Hans Küng: Projekt Weltethos, Piper, München 1990, 78
3 http://www.vatican.va/archive/hist_councils/ii_vatican_council/documents/vat-ii_decl_19651028_nostra-aetate_ge.html
4 Volker Ladenthin: Zweifeln, nicht verzweifeln! Warum wir Religion brauchen, Echter, Würzburg 2016, 23
5 Ebd., 55
6 Karl Kardinal Lehmann: Dialog ohne Machtanspruch, in: Was ist eine gute Religion? Herausgegeben von Uwe Justus Wenzel, Verlag C. H. Beck, München 2007, 21-25, 23
7 Paul Tillich, Die verlorene Dimension. Not und Hoffnung unserer Zeit. Hamburg 1962, S. 8 ff
8 Vgl. Rudolf Englert: Religion gibt zu denken, Kösel, München 2013
9 Joachim Kunstmann: Leben eben! Religion für Sinnsucher – eine Anleitung, Gütersloher Verlagshaus, Gütersloh, 2013, 31
10 Ebd., 40
11 Ebd., 28
12 Vgl. Reiner Jungnitsch: Hinwege zum Glauben, BoD, Norderstedt 2018, 39ff
13 Microsoft ® Encarta ® 2009: Religion

Literatur

- Markus Beile: Religion für Nichtschwimmer. Fünf Trockenübungen, Gütersloher Verlagshaus, Gütersloh 2014
- Eugen Drewermann: Wozu Religion? Herder, Freiburg 2001
- Ralf Frisch: Atheismus adieu. Warum das, was ist, nicht alles ist, Claudius, München 2018
- Susanne Heine / Peter Pawlowsky: Die christliche Matrix. Eine Entdeckungsreise in unsichtbare Welten, Kösel, München 2008
- Richard Schröder: Abschaffung der Religion? Herder, Freiburg 2008
- Gerhard Staguhn: Wenn Gott gut ist, warum gibt es dann das Böse in der Welt? Fragen an die Religion, dtv 62470, München 2011

Verknüpfung
→ Glaube, → Mythos

Anhang: 32

2.14 Religionsfreiheit

1. Worum es in der Sache geht
Die Freiheit von Religion erträumte bereits John Lennon 1971 in seinem
berühmten Lied „Imagine":
Stell' dir vor, es gibt keine Länder
Es ist nicht schwer, das zu tun
Nichts, wofür man tötet oder stirbt
Und auch keine Religion
Stell' dir vor, all die Menschen
führen ein friedliches Leben …[1]

Auf dem Hintergrund des islamistischen Terrors im neuen Jahrhundert greift der
umstrittene Religionskritiker Richard Dawkins diesen „Traum" konkretisierend
wieder auf: *„Stellen wir uns doch … mal eine Welt vor, in der es keine Religion
gibt – keine Selbstmordattentäter, keinen 11. September, keine Anschläge auf
die Londoner U-Bahn, keine Kreuzzüge, keine Hexenverfolgung …*[2]

Also eine umfassende Freiheit von Religion? Endlich eine friedvolle, weil
religionsfreie Welt?
Diese Wunschvorstellung mag nachvollziehbar erscheinen, bleibt aber in der
Sache einseitig, unrealistisch und trifft auch nicht wirklich das Gemeinte.
Allgemein gilt die R. als Grund- und Menschenrecht und meint *„die Freiheit eines
Menschen, sich nach seinem eigenen Gewissen zu einer oder zu keiner Religion
zu bekennen, auch in der Lebensführung, und dieses Bekenntnis zu »äußern«,
dies jedoch mit der Einschränkung, daß andern dadurch kein Schaden entsteht."*[3]

Die Emanzipation des Staates von religiöser bzw. kirchlicher Prägung und
Bevormundung findet im deutschen Staatsrecht erstmals in der Weimarer
Reichsverfassung 1919 einen deutlichen Ausdruck. Es heißt dort im Artikel 137:
(1) Es besteht keine Staatskirche.
(2) Die Freiheit der Vereinigung zu Religionsgesellschaften wird gewährleistet.
*Der Zusammenschluss von Religionsgesellschaften innerhalb des Reichs-
gebiets unterliegt keinen Beschränkungen.*[4]

Hier wird schon deutlich, dass es ein garantiertes Recht der „Freiheit von" sowie
ein „Recht auf" Religion gibt.
Dieses fundamentale Grundrecht der R. wurde auch ein wichtiger Bestandteil der
Verfassung bei der Gründung der Bundesrepublik Deutschland 1949:

Artikel 4:
(1) Die Freiheit des Glaubens, des Gewissens und die Freiheit des religiösen und weltanschaulichen Bekenntnisses sind unverletzlich.
(2) Die ungestörte Religionsausübung wird gewährleistet.

Im Jahr zuvor (1948) wurde das Grundrecht auf R. in der „Allgemeinen Erklärung der Menschenrechte" durch die Vereinten Nationen für alle Erdbewohner ausgerufen:
Jeder hat das Recht auf Gedanken-, Gewissens- und Religionsfreiheit; dieses Recht schließt die Freiheit ein, seine Religion oder Überzeugung zu wechseln, sowie die Freiheit, seine Religion oder Weltanschauung allein oder in Gemeinschaft mit anderen, öffentlich oder privat durch Lehre, Ausübung, Gottesdienst und Kulthandlungen zu bekennen. (Artikel 18, Auszug)[5]

Der moderne und demokratische Staat versteht sich folglich als weltanschaulich neutral. Er schreibt seinen Bürgern keinerlei religiöses Bekenntnis vor, erlaubt ihnen aber umgekehrt jegliche „Religionsausübung" – sofern dadurch keine Beschränkung von Grundrechten der Mitbürger verursacht wird.
Das Recht auf R. kann kaum hoch genug eingestuft werden. Ein Blick in andere Länder belegt, wie wenig selbstverständlich diese Freiheit immer noch ist.

In der rechtlichen und gesellschaftlichen Praxis wird zwischen einer positiven und einer negativen R. unterschieden.
Positive R. bedeutet, dass jeder das Recht hat,
- eine Religionsgemeinschaft zu gründen,
- einer bestehenden Religionsgemeinschaft beitreten zu dürfen,
- auch öffentlich für sein religiöses Bekenntnis einzutreten,
- und z. B. bei der Vereidigung für ein öffentliches Amt diesen Eid mit seinem religiösen Bekenntnis zu verbinden („so wahr mir Gott helfe").

Umgekehrt beinhaltet die negative R. das Recht
- aus einer Religionsgemeinschaft austreten zu dürfen,
- an religiösen Feiern und Veranstaltungen nicht teilnehmen zu müssen,
- auf die Weigerung, über seine religiöse bzw. weltanschauliche Überzeugung Auskunft geben zu müssen,
- eine Eidesformel auch in neutraler Form ablegen zu dürfen.

Dies alles entstammt modernem Staatsrecht. Die kirchliche Position in Sachen R. war lange Zeit weit weniger liberal. Wenn sich die christlichen Kirchen heute auch als aktive Mitkämpfer für Menschenrechte verstehen, so hat es in der Katholischen Kirche bis zur Mitte des 20. Jahrhunderts gedauert, die R. als ein Grundrecht anzuerkennen. Das Zweite Vatikanische Konzil (1962-1965) widmete dem Thema sogar ein eigenes Dokument. Die „Erklärung über die Religionsfreiheit" (Dignitatis humanae) formuliert im Abschnitt Nr. 2:

Das Vatikanische Konzil erklärt, daß die menschliche Person das Recht auf religiöse Freiheit hat. Diese Freiheit besteht darin, daß alle Menschen frei sein müssen von jedem Zwang sowohl von seiten Einzelner wie gesellschaftlicher Gruppen, wie jeglicher menschlichen Gewalt, so daß in religiösen Dingen niemand gezwungen wird, gegen sein Gewissen zu handeln...[6]

2. Worum es dabei im Religionsunterricht geht

Im Religionsunterricht kommt vermutlich eher die Sache als der Begriff zur Sprache. Dass doch jeder Mensch glauben dürfe was ihm beliebt, ist wohl inzwischen gedankliches Allgemeingut in unserer Gesellschaft, und damit auch bei den SchülerInnen. Ein deutlicher Anteil der Lerngruppe dürfte immer noch (wenigstens formal) einer christlichen oder nichtchristlichen Konfession angehören. Auf diesem Hintergrund stellt sich schon die Frage, wie frei der Einzelne ist angesichts der religiösen Tradition in Familie und Gesellschaft. Wie und warum wechselt jemand seine Religion? Was geht diesem Wechsel voraus und welche Folgen hat er?

Umgekehrt praktizieren viele SchülerInnen die negative R., da sie entweder in keiner religiösen Orientierung aufgewachsen sind oder sich von ihrer formalen Konfession so weit entfernt oder gelöst haben, dass sie sich selber als „nichtgläubig" bzw. „religionslos" bezeichnen. Die Gründe für diese Distanzierung sind schon wert, erhoben, verglichen und diskutiert zu werden. Dabei wird deutlich, dass es weniger um das Grundrecht der R. geht, als (vor allem bei „christlichen" SchülerInnen) vielmehr um konkrete Kritik an kirchlicher Lehre und Praxis, sei es, dass sie ihnen alltagsfern oder einfach nur unverständlich erscheint.

Eine gemeinsame Erkundung in der Sache wird sich dann um Fragen drehen wie: Was ist überhaupt eine Religion? Wozu brauchen Menschen Religion? Wann ist eine Religion gut, wann ist sie schlecht? Was verbindet die verschiedenen Religionen, was trennt sie? Warum gibt es überhaupt so viele verschiedene Religionen? Wann führt ein religiöser Glaube zu Hass, Gewalt und Krieg? Was würde uns fehlen, wenn wir uns sämtliche Kirchen und Religionen einmal wegdenken? usw.

Das Lied von John Lennon bietet dazu jedenfalls genügend Anreiz und Provokation.

Quellen:

1 *https://lyricstranslate.com*
2 *Richard Dawkins: Der Gotteswahn, Ullstein TB 37232, Berlin 2008, 12*
3 Herbert Vorgrimler: Neues Theologisches Wörterbuch, Herder, Freiburg 2000, 534
4 http://www.documentarchiv.de/wr/wrv.html#DRITTER_ABSCHNITT02
5 https://www.menschenrechtserklaerung.de/die-allgemeine-erklaerung-der-menschenrechte-3157/
6 http://www.vatican.va/archive/hist_councils/ii_vatican_council/documents/vat-ii_decl_19651207_dignitatis-humanae_ge.html

Literatur:

- Werner Reiland: Gott ist kein Wahn. Sieben Thesen zum Sinn der Religion, Tyrolia, Innsbruck 2008
- Richard Schröder: Abschaffung der Religion? Wissenschaftlicher Fanatismus und die Folgen, Herder, Freiburg 2008
- Peter Strasser: Warum überhaupt Religion? Wilhelm Fink Verlag, München 2008

Verknüpfungen:
→ Religion, → Religionsunterricht

Anhang: 33-34

2.15 Sterbehilfe

1. Worum es in der Sache geht

Der Begriff S. kann sehr verschiedene Vorgänge bezeichnen. Je nach Gemeintem herrscht darüber eine engagierte Auseinandersetzung unter Ethikern, Ärzten, Politikern und Vertretern der christlichen Kirchen. Der Streit um die (vor allem gesetzliche Regelung der) S. ist begründet u. a. durch die impliziten Spannungen zwischen dem Gesetz und der Selbstbestimmung des Einzelnen, einem staatlichen Anspruch und den individuellen Persönlichkeitsrechten sowie zwischen aktuellen medizinischen Behandlungsmöglichkeiten und der Menschenwürde.

Statt von S. wird gleichbedeutend auch von Euthanasie gesprochen (griech.: „schöner" oder „guter" Tod). In Deutschland ist dieser Ausdruck jedoch belastet aufgrund der Verbrechen in der NS-Zeit. Damals wurden „viele Schwerst-kranke, behinderte oder unheilbar kranke Menschen, darunter auch Kinder und alte Menschen, auf staatlichen Befehl hin getötet. In der verbrecherischen Sicht der Nationalsozialisten handelte es sich bei diesen Menschen um ‚unwertes Leben'. Die Nationalsozialisten haben diese Verbrechen als ‚Euthanasie' bezeichnet.[1] Daher wird hierzulande besser von S. gesprochen.

Man unterscheidet in der S. formal zwischen:
a) Aktiver S.: Das bewusste und aktive (ärztliche) Eingreifen zur Beendigung des Lebens durch Verabreichung eines tödlich wirkenden Mittels (Tablette, Spritze, Infusion). Diese Form der S. ist in Deutschland verboten, selbst wenn die Tötung auf Wunsch des Patienten erfolgt. Das Strafgesetzbuch regelt diesen Tatbestand in § 216: „(1) Ist jemand durch das ausdrückliche und ernstliche Verlangen des Getöteten zur Tötung bestimmt worden, so ist auf Freiheitsstrafe von sechs Monaten bis zu fünf Jahren zu erkennen. (2) Der Versuch ist strafbar."[2]
b) Passiver S.: Gemeint ist die Unterlassung oder Nichtfortsetzung von lebensverlängernden Maßnahmen durch den Arzt: z. B. das Absetzen von lebenswichtigen Medikamenten, den Verzicht auf künstliche Ernährung bzw. weitere Behandlung. Zulässig ist dies, wenn der Patient bereits im Sterben liegt und der Abbruch seinem mutmaßlichen Willen oder seiner „Patienten-verfügung" entspricht. Bei Zweifeln müssen sich die Ärzte für das Leben entscheiden.

c) Indirekter S.: Dabei geht es um die Verabreichung starker Schmerzmittel, die durch ihre Wirkung auf geschwächte Organe das Leben auch verkürzen können. Dies ist nicht strafbar, wenn es dem Willen des Patienten entspricht, weil damit ein Tod in Würde ermöglicht wird.

d) Beihilfe zum Suizid: Sie ist grundsätzlich nicht strafbar. Damit ist es erlaubt, einem Lebensmüden die tödliche Dosis bereitzustellen, d. h. die Einnahme muss aktiv vom Patienten ausgehen. Allerdings wäre ein anwesender Sterbehelfer prinzipiell zur Rettung des Patienten verpflichtet. Er würde sich wegen unterlassener Hilfeleistung strafbar machen, wenn er keinen Notarzt ruft, sobald der Patient die tödliche Dosis eingenommen hat.

Diese formalen (primär juristischen) Unterscheidungen spiegeln nur bedingt die möglichen komplexen Situationen der medizinischen Praxis. Soll es mehr um eine „Hilfe *zum* Sterben" gehen, oder eher um eine „Hilfe *beim* Sterben"? Die Problematik verlangt Antworten auf grundlegende Fragen:
- Wem wird die Freiheit und Last der letztlichen Entscheidung zugesprochen?
- Liegt bei dem Patienten ein echter Todeswunsch vor, oder entspringt er einer momentanen depressiven Stimmung?
- Dürfen die Angehörigen entscheiden, wenn der Patient dazu nicht (mehr) in der Lage ist?
- Muss oder darf der Arzt dem Willen des Patienten bzw. der Angehörigen entsprechen?
- Darf sich der Arzt ggf. weigern, weitere lebensverlängernde Maßnahmen durchzuführen, wenn sie in seiner Sicht nicht dem Wohl des Patienten dienen?
- Soll der Arzt einem totkranken Patienten auf dessen Wunsch hin ein tödliches Medikament verabreichen dürfen, um ein unerträgliches Leiden zu beenden?
- Entspricht es der Menschenwürde und dem Selbstbestimmungsrecht, wenn ein Mensch gegen seinen Willen am Leben erhalten wird?
- Gebietet die „Ehrfurcht vor dem Leben" die Lebensverlängerung um jeden Preis, oder erlaubt sie auch das Recht auf ein selbstbestimmtes Lebensende? - usw.[3]

Zentral bleibt stets die Rolle des Arztes. Was wird ihm durch den Gesetzgeber als auch durch die Ärztekammern erlaubt oder untersagt? Das Berufsethos der Ärzte ist ausgedrückt im sogenannten „Eid des Hippokrates", wo es in dessen klassischer Form u. a. heißt: *„Ich werde niemandem, nicht einmal auf ausdrückliches Verlangen, ein tödliches Medikament geben, und ich werde auch keinen entsprechenden Rat erteilen."*[4]

Die moderne Variante davon ist das „Genfer Gelöbnis" des Weltärztebundes, in dem es in der aktuellen Fassung (2017) lautet: *„Ich werde die Autonomie und die Würde meiner Patientin oder meines Patienten respektieren. Ich werde den höchsten Respekt vor menschlichem Leben wahren. (…) Ich werde meinen Beruf nach bestem Wissen und Gewissen, mit Würde und im Einklang mit guter medizinischer Praxis ausüben. (…) Ich werde mein medizinisches Wissen zum Wohle der Patientin oder des Patienten und zur Verbesserung der Gesundheitsversorgung teilen."*[5]

Was bedeutet es also in der alltäglichen medizinischen Praxis, die Autonomie und Würde des Patienten zu respektieren? Wann handelt ein Arzt wirklich zum Wohle des Patienten? Für einen Teil der Ärzte bedeutet das eben auch, den Patienten letztlich beim Sterben auch aktiv zu begleiten (assistierter Suizid). Daneben haben in den letzten Jahrzehnten die ambulanten und stationären Hospiz-Einrichtungen vermehrten Zuspruch erfahren. *„Hospize machen es sich zur Aufgabe, Menschen in der letzten Phase einer unheilbaren Krankheit zu unterstützen und zu pflegen, damit sie in dieser Zeit so bewusst und zufrieden wie möglich leben können. – Hospize wollen den Tod weder beschleunigen noch hinauszögern. Hospize leben aus der Hoffnung und Überzeugung, dass sich Patienten und ihre Familien so weit geistig und spirituell auf den Tod vorbereiten können, dass sie bereit sind, ihn anzunehmen.*[6]

Im Streit um die aktive S. werden z. B. die folgenden Argumente immer wieder vorgebracht: PRO: Die Menschenwürde bedeutet nicht nur ein Recht auf Leben, sondern auch das Recht auf den eigenen Tod. Jeder hat das Recht auf Selbstbestimmung am Lebensende. Es muss erlaubt sein, einen Menschen von seinem Leider zu erlösen, wenn er das wünscht. usw.
KONTRA: Der hippokratische Eid verbietet die aktive Tötung des Patienten. Das Zulassen aktiver S. schafft einen unzumutbaren Druck auf den Arzt. Die Erlaubnis dieser Form der S. schränkt den Lebensschutz radikal ein. Dadurch ergibt sich auch ein Druck auf alte und kranke Menschen, in die aktive S. einzuwilligen (Belastungen der Angehörigen, Kosten). Ein Sterben in Würde ist auch ohne aktive S. möglich. Alle Religionen lehnen die Tötung Sterbender ab. Es gilt das biblische Tötungsverbot. Der Mensch darf das von Gott geschenkte Leben nicht aus eigener Macht abkürzen.

Die letztgenannten Argumente markieren schon die Position der Katholischen Kirche, die insbesondere jede Form der aktiven S. ablehnt. *„In Würde stirbt, wer anerkennt, dass sein Leben als solches unverfügbar ist. Es hat einen Wert in sich, auch wenn der Körper keine Leistung erbringt oder nicht voll funktionsfähig ist. Die Entscheidung gegen das eigene Leben, auch wenn es durch Schmerzen und Leid geprägt ist, widerspricht fundamental dem Wesen des Menschen."*[7]

100

Neben der lehramtlichen Position der Bischöfe werden in der Moraltheologie durchaus liberalere Auffassungen diskutiert. Eine nachhaltige Debatte löste in den 90er Jahren der Beitrag von Hans Küng aus. Er versuchte einen Mittelweg „zwischen einem anti-religiösen Libertinismus ohne Verantwortung … und einem reaktionären Rigorismus ohne Mitleid": *„Der allbarmherzige Gott, der dem Menschen Freiheit geschenkt und Verantwortung für sein Leben zugemutet hat, hat gerade auch dem sterbenden Menschen die Verantwortung und Gewissensentscheidung für Art und Zeitpunkt seines Todes überlassen."* Und er fährt fort: *„Wenn das ganze Leben von Gott in die Verantwortung eines Menschen gestellt ist, dann gilt diese Verantwortung auch für die letzte Phase seines Lebens, ja sie gilt erst recht für den eigentlichen Ernstfall seines Lebens, wenn es ans Sterben geht."*[8]

Die verantwortliche Reflexion und Praxis des christlichen Glaubens kann offenbar zu unterschiedlichen Haltungen berechtigen.

2. Worum es dabei im Religionsunterricht geht

Eine erste Stichwortsammlung zum Begriff „Sterbehilfe" ist pädagogisch sinnvoll, um den aktuellen Kenntnisstand als auch erste Positionierungen zu erheben. Wenn das Thema gemeinsam sachgerecht beleuchtet werden soll, ist eine klärende Unterscheidung der unterschiedlichen Formen der S. sinnvoll.

Auf diesem Hintergrund können Fallgeschichten tiefer in die Problematik einführen. Zwei kleine Beispiele:[9]

1) Patient B. hat Leberkrebs. Die Lunge ist voller Metastasen, daher wird er künstlich beatmet. Er ist bei vollem Bewusstsein und fordert den Arzt auf, das Beatmungsgerät abzuschalten, damit er endlich sterben kann.

2) Der 19jährige M. hatte einen schweren Unfall mit dem Motorrad. Er ist nun vom Hals abwärts gelähmt. Die Chancen auf Besserung sind gering. Sein Leben lang wird er auf fremde Hilfe und Pflege angewiesen bleiben. Er sieht im Weiterleben keinen Sinn und bittet den Arzt um eine Spritze, die sein Leben beenden soll.

Wenn Du der Arzt wärest, würdest Du dem Willen des Patienten entsprechen? – Warum (nicht)?

Um zu einer konstruktiven Meinungsbildung beizutragen, sollen den SchülerInnen die notwenigen Kenntnisse zu den rechtlichen, medizinischen und ethischen Implikationen aufgezeigt werden. Nicht zuletzt die kirchlichen Positionen und Argumente sollen ihr Gewicht erhalten. Da in den kirchlichen

Stellungnahmen vielfach dialogisch auf gängige Begründungen eingegangen wird, lassen sich die dort aufgegriffenen Argumente auch vorab im Unterricht einbringen. Eine kleine Auswahl kann so aussehen:[10]

a) Sterben ist furchtbar und schrecklich. Man sollte es mit allen Mitteln verhindern. Wenn es aber nicht verhindert werden kann, dann soll es möglichst schnell und plötzlich vorbei sein.

b) Sterben im Krankenhaus ist unmenschlich. Durch die Apparatemedizin werden Leiden und Sterben doch nur sinnlos verlängert.

c) Jeder Mensch muss für sich selbst frei entscheiden können, wann er sterben will. Er hat ein Recht, sein Leben selbst zu beenden.

d) Wenn das Leiden eines Sterbenden unerträglich ist, sollte aktive Sterbehilfe (Tötung auf Verlangen) erlaubt werden.

Stimmst Du diesem Argument zu? Was lässt sich dagegen sagen?

Im Anschluss sind dann die jeweiligen „Antworten" darauf aus kirchlicher Sicht zu präsentieren. Diese kirchlichen Positionen zur aktiven Sterbehilfe sollen die SchülerInnen als caritatives Bemühen um die Würde des Sterbenden (Hilfe *beim* Sterben) verstehen, das sich einem biblisch begründeten Menschenbild verpflichtet sieht.[11]

Quellen:

1 http://www.bpb.de/nachschlagen/lexika/das-junge-politik-lexikon/161074/euthanasie
2 https://www.gesetze-im-internet.de/stgb/__216.html
3 Vgl.: http://buber.de/christl/unterrichtsmaterialien/euthanasie
4 Zur kompletten Eidesformel:
   https://www.aerztezeitung.de/politik_gesellschaft/medizinethik/article/906431/wortlaut-eid-des-hippokrates.html
5 https://de.wikipedia.org/wiki/Genfer_Deklaration_des_Welt%C3%A4rztebundes
6 http://www.hospize.eu/
7 https://www.dbk.de/themen/sterben-in-wuerde/
   Siehe auch die gemeinsame Stellungnahme von evangelischer und katholischer
   Seite („Sterbebegleitung statt aktiver Sterbehilfe"):
   https://www.ekd.de/sterbebegleitung_sterbehilfe_1.html
   Ebenso das gemeinsame Dokument „ Gott ist ein Freund des Lebens":
   https://www.dbk-shop.de/media/files_public/eeybbfhqh/DBK_576.pdf
8 Walter Jens / Hans Küng: Menschenwürdig sterben. Ein Plädoyer für Selbstver-antwortung, Piper, München 1995, 71f
9 Leicht verändert übernommen aus: Kursbuch Religion Berufsschule, Calwer /
   Westermann, Stuttgart / Braunschweig 2013, 62
10 Die Argumente entstammen: Sterbebegleitung statt aktiver Sterbehilfe. Eine
   Textsammlung kirchlicher Erklärungen. Herausgegeben vom Kirchenamt der
   Evangelischen Kirche in Deutschland und vom Sekretariat der Deutschen
   Bischofskonferenz, 2. erweiterte Auflage 2011 der Ausgabe von 2003, 74ff. Dort dann
   die kirchlichen Antworten. Download unter:
   https://www.dbk-shop.de/media/files_public/oiskpveerx/DBK_617.pdf
11 Weitere Unterrichtshilfen lassen sich finden bei:
   a) https://material.rpi-virtuell.de/facettierte-suche/?fwp_suche=sterbehilfe
   b) https://www.rpp-katholisch.de/Materialien/tabid/69/word/sterbehilfe/sp/1/action/search/Default.aspx

Literatur:

- Gian Domenico Borasio: Selbst bestimmt sterben, dtv, München 2016
- Michael de Ridder: Wie wollen wir sterben? DVA, München 2010
- Ursel Fuchs: Gewissensfrage Sterbehilfe, Kreuz, Stuttgart 2009
- Ralf J. Jox: Sterben lassen, edition Körber-Stiftung, Hamburg 2011
- Mattthias Thöns: Patient ohne Verfügung, Piper, München 2016
- Hans Wehrli u. a. (Hg.): Der organisierte Tod, Orell Füssli, Zürich 2012

Verknüpfungen:

→ Gewissen, → Tod

Anhang: 35-36

2.16 Tod

1. Worum es in der Sache geht

Wir alle sind sterblich – und wir wissen es. Dieses vorausgreifende Bewusstsein unserer Endlichkeit markiert einen wesenhaften Unterschied zu allen anderen Lebensformen auf der Erde. Aus dem Wissen um die begrenzte Lebenszeit nähren sich mindestens zwei existentielle Fragen: 1. Wie gestalten wir (angesichts der unsicheren Dauer) unser Leben richtig? 2. Ist der Tod das definitive Ende, oder gibt es noch ein „Leben danach"? Die erste Frage gehört ins Feld der Ethik, die zweite dagegen hat religiösen Charakter. „Was dürfen wir hoffen?" war für Immanuel Kant das Kennzeichen aller Religion, da an der Grenze des Todes jegliches empirische Wissen endet. Wo aber das objektive Wissen, das überprüfbare Erkennen endet, beginnt das Reich der Deutung, der Hoffnung, des Glaubens. Wer diesen gedanklich-hoffenden Schritt über die Grenze des Lebens nicht wagt oder kategorisch ablehnt, begnügt sich mit der diesseitigen Perspektive des Daseins und der Unsicherheit an dessen Ende.

Der gesellschaftlich spürbare Rückgang eines Jenseitsglaubens ist jedoch eher ein neuzeitliches Phänomen, das mit dem allmählichen Schwinden einer religiös-kirchlichen Bindung und Tradition einhergeht.
Bereits in vorgeschichtlicher Zeit gab es offenbar eine Bestattungskultur, die darauf schließen lässt, dass die Menschen dieser Zeit mit einem Fortleben des Verstorbenen gerechnet haben. In den antiken Mythologien, den großen Religionen, der Philosophie, der Kunst und Literatur waren der T. und das Jenseits ein zentrales Thema. Deren einzelne Beiträge, Standpunkte und Argumente brauchen an dieser Stelle nicht ausgeführt zu werden, wären aber im Unterricht zu sichten.
Die gegenwärtige Auseinandersetzung mit dem Tod ist eher von einer natur-wissenschaftlich-technischen Einstellung geprägt. Die rapiden Fortschritte in Medizin und Gentechnik führen zu völlig neuen Fragestellungen im Kontext der Sterblichkeit: Lebensverlängerung durch gentechnische Eingriffe? Recht auf Selbstbestimmung im Sterbeprozess? Organspende? usw. Selbst die aktuellen Tendenzen der körperlichen Selbstoptimierungen (Implantate, Schönheits-Operationen etc.) können teils als fluchtartige Bemühungen verstanden werden, Alter, Krankheit und T. mit allen Mitteln zu verhindern oder wenigstens hinauszuzögern. Wenn dieses jetzige Leben den alleinigen Horizont darstellt, dann soll es unter den bestmöglichen Bedingungen gestaltet werden. Sterben und T. sind vielfach Tabu-Bereiche, obwohl wir alle ständig damit konfrontiert sind. Das erschwert eine offene und dienliche Kommunikation.

Eine weitere Facette bildet die Diskussion um die sogenannten Nah-Tod-Erfahrungen (NTE). Seit den 70er Jahren des letzten Jahrhunderts mehren sich veröffentlichte Berichte von Patienten, die von Erlebnissen während eines lebensbedrohlichen Zustandes (z. B. bei einem Herzstillstand, während einer OP usw.) berichten, die als ein „Blick ins Jenseits" interpretiert wurden. Die auffallenden Ähnlichkeiten dieser Erlebnisse erschienen dann quasi als wissenschaftlicher Beweis für ein jenseitiges Dasein. Doch es zeigte sich, dass solche Erfahrungen auch unter Medikamenten- oder Drogeneinfluss stattfinden können. Sogar tiefe Meditationen können der Auslöser sein. Die Deutungen bleiben daher umstritten. Einen objektiven Beweis stellen die NTE also nicht dar, da die Berichte allesamt von Patienten stammen, die in dieser Grenzsituation wiederbelebt (reanimiert) werden konnten. Medizinisch gesehen hatten sie alle den Punkt des endgültigen, biologischen Todes noch nicht erreicht. *„Was also besagen dann solche Sterbeerlebnisse für das Leben nach dem Tod? Kurz gesagt: nichts! (...) Solche Sterbeerlebnisse beweisen für ein mögliches Leben nach dem Tod nichts; denn hier geht es um die letzten fünf Minuten vor dem Tod und nicht um ein ewiges Leben nach dem Tod. Diese Übergangsminuten entscheiden somit noch nicht über die Frage, wohin der Sterbende geht: hinein in ein Nichtsein – oder in ein neues Sein."*[1]

Der eigentliche Kern des Themas wird nun immer klarer. Es ist die alte Frage nach dem Zueinander von Materie und Geist, oder: Körper und Seele. Gerade der Schlüsselbegriff „Seele" bleibt allerdings unklar, da er in religiösen, philosophischen und psychologischen Kontexten sehr unterschiedlich interpretiert wurde und wird. Letztlich bleibt er ein Gegenbegriff zu einer rein materialistischen Definition des Menschen.[2]

Die Rede von einer Unsterblichkeit der Seele meint in der katholischen Tradition, *„daß eine von Gott geschaffene echte Wirklichkeit nie einfach untergeht, sondern allenfalls zu einer neuen Existenzweise verwandelt wird, ferner daß die S. als geistig-personales Seinsprinzip dem bloß Materiellen eigenständig (was nicht heißt: unabhängig) gegenübersteht u. nicht nur ein Moment am Materiellen ist, so daß es nicht einfach mit einer bestimmten konkreten Erscheinungsform des Materiellen (z. B. dem Gehirn) identisch wäre u. mit dieser zusammen vergehen würde."*[3] Die Individualität des Menschen und die Identität seiner je einzigartigen Lebensgeschichte, die zwar physisch mit dem T. enden, gehen jedoch bei Gott nicht verloren. Mit „Seele" ist also der ganze Mensch gemeint, nicht ein Teil von ihm, wie manchmal angenommen.

Entsprechend verhält es sich mit der leicht missverständlichen Rede von der Auferstehung: *„Unsterblichkeit der Seele' und ,Auferstehung des Leibes' werden in diesem Verständnis nicht mehr als voneinander getrennte Sachverhalte* betrachtet; sie gelten eher als verschiedene Aspekte des einen großen Vollendungsgeschehens, das immer zugleich individuell wie universal zu denken ist. Der Begriff ‚Seele' umschreibt mehr die ‚Gottoffenheit' des Menschen; der Begriff ‚Leib' dagegen mehr seine ‚Erdverbundenheit'. Beides gilt vom ganzen Menschen; in beidem wird sein Wesen als Geschöpf Gottes angesprochen; darum hat auch beides ‚Platz' in Gottes Himmel.*"4*

Das vertiefte Verständnis von Körper bzw. Leib versucht Medard Kehl an einer alltäglichen Beobachtung zu verdeutlichen, die in der biblischen Sicht ihre Wurzeln findet: „Wenn ich zum Beispiel das faltige, zerfurchte Gesicht eines alten Menschen anschaue, dann erkenne ich darin viel mehr als nur eine bestimmte Form von Haut, Fleisch und Knochen. In einem Gesicht, in den Augen, den Händen und der Stimme kann viel von der Freude und dem Leid, der Ehrlichkeit oder der Verlogenheit eines Menschen entdeckt werden. Das alles fällt unter den Begriff ‚Leib'. Der ‚Leib' in diesem Sinn ist mehr als nur ein biologischer Organismus. Man kann ihn vielleicht verstehen als den in die menschliche Biographie hineingezogenen ‚Körper', der also von der Lebensgeschichte eines Menschen sichtbar geprägt ist. Um diesen Leib geht es bei der Auferweckung der Toten."5

Der christliche Glaube basiert letztlich auf drei Hoffnungs-Optionen: 1. Der Sinn: Wenn das Leben mit dem Tod endgültig vorbei ist, bleibt unklar, welchen Sinn unser Dasein haben soll. Alle menschlichen Mühen und Leiden enden dann ohne Ziel und Sinn. Ohne eine Sinn-Perspektive kann aber niemand leben. Und das, was dem Leben Sinn gibt, soll mit dem Tod nicht wieder ausgelöscht werden, sondern darüber hinaus Bestand haben. Darum glauben Christen, dass der Sinn des Ganzen nach dem Tod erkennbar wird und sich damit unser Leben vollendet.

2. Die Liebe: Wirkliche Liebe will dauerhaft bestehen. Die Liebe zu einem anderen Menschen kann auch der Tod nicht wirklich zerstören. Alle Liebenden hoffen auf eine bleibende Gemeinschaft auch nach dem jetzigen Leben. Ein endgültiges Verschwinden eines geliebten Menschen bleibt unerträglich. Darum glauben Christen daran, dass auch der Tod nicht das Ende der Liebe ist.

3. Die Gerechtigkeit: Das Leben in dieser Welt verläuft und endet oft ungerecht. Wenn unser Streben nach Gerechtigkeit niemals zum Ziel gelangt, bleibt unser Bemühen letztlich ohne Sinn. Darum glauben Christen an eine Erfüllung dieser Hoffnung im Jenseits.

Die Frage nach dem Tod wandelt sich schließlich in die Frage nach dem Menschen, seinem letzten Sinn sowie der Gestaltung seines Daseins.

2. Worum es dabei im Religionsunterricht geht

„Über den Tod zu reden, ist eine der vernünftigsten Arten, um über das Leben zu sprechen." - Dieser Satz des französischen Schriftstellers André Malraux markiert treffend die didaktische Leitlinie des Themas. Denn die unterrichtliche Behandlung der Frage nach Tod und Jenseits sollte sich nicht ziellos im Lande der Spekulation verlaufen, sondern die existentielle Seite dieser Urfrage beleuchten und die SchülerInnen somit in eine lebenspraktische Auseinandersetzung führen. Darin erfüllt der Religionsunterricht seine lebensdienliche Funktion.

Auch bei den jugendlichen SchülerInnen dürfte das Thema sehr geteilte Auffassungen offenlegen. Diese widersprüchlichen Standpunkte und Argumente sollten dokumentiert und die zugehörigen Begründungen einem ersten kritischen Vergleich unterzogen werden. Dabei ist gleich eingangs hervorzuheben, dass es hier um eine weltanschauliche Frage geht, keine empirisch-wissenschaftliche. Eine Weltanschauung umfasst die Gesamtheit dessen, wie der Mensch die Welt und sein Leben philosophisch oder religiös deutet. Dieses Deuten ist unumgänglich, da wir bereits in einen bestimmten kulturellen, politischen und religiösen Deutungskontext hineingeboren werden. Ein Buddhist sieht folglich die Welt anders als ein Moslem. Nach richtig oder falsch zu fragen, bleibt somit unpassend. Verlangt ist der Respekt vor der jeweils anderen Sichtweise und der dialogbereite Austausch sachlicher und vernünftiger Gründe. Dieses gemeinsame Nachdenken führt zwangsläufig zu einer Horizonterweiterung des Einzelnen und zu neuen Fragestellungen.

Nach dieser ersten Klärung der mitgebrachten Einstellungen kann die informative Erkundung dessen beginnen, was es in der Sache alles zu wissen gibt - und was zur Festigung der eigenen Position dienen soll. Welche Antworten bieten die Philosophie, die Religionen und auch die Naturwissenschaften an? Welche lebenspraktischen Konsequenzen ergeben sich aus welcher Sichtweise? Was spricht für und gegen die (hinduistische und buddhistische) Vorstellung einer Wiedergeburt (Reinkarnation)? Was meint der christliche Glaube an die Auferweckung? usw.

Neben der mehr theoretischen Auseinandersetzung erhält die ganz praktische Seite von T. und Sterben hier eine besondere Bedeutung: Wie geht Sterben vor sich? Was ist zu tun, wenn ein Mensch gestorben ist? Welche Bestattungsformen gibt es hier und anderswo? Welche Symbole und Rituale spielen dabei eine Rolle? Was verraten Todesanzeigen über den Umgang mit dem Tod? Wie kommt das Thema in Kino, Musik und Dichtung vor? usw.

Der gemeinsame Besuch eines Friedhofs und das Gespräch mit einem Bestatter erlauben zudem unerwartete Einblicke. Auch über den T. gibt es viel zu lernen.

Quellen:

1 Hans Küng: Ewiges Leben? Piper, München 1982, 36
2 Vgl. Gregor Maria Hoff: Seele / Selbstwerdung, in: Neues Handbuch theologischer Grundbegriffe, Neuausgabe 2005, herausgegeben von Peter Eicher, Kösel, München 2005, Bd. 4, 130-138
3 Herbert Vorgrimler: Neues Theologisches Wörterbuch, Herder, Freiburg, 2000, 567
4 Klaus Berger u.a.: Bilder des Himmels. Die Geschichte des Jenseits von der Bibel bis zur Gegenwart, Herder, Freiburg 2006, 207
5 Ebd.

Literatur:

- Hermann-Josef Frisch: Unendliche Hoffnung, Patmos, Ostfildern 2013
- Hans Kessler: Was kommt nach dem Tod?, Butzon & Bercker, Kevelaer 2014
- Mathias Schreiber: Was von uns bleibt. Über die Unsterblichkeit der Seele, DVA, München 2008
- Pim van Lommel: Endloses Bewusstsein. Neue medizinische Fakten zur Nahtoderfahrung, Patmos, Düsseldorf 2009

Verknüpfungen:

→ Mensch, → Religion

Anhang: 37-38

2.17 Todesstrafe

1. Worum es in der Sache geht

Die T. ist die schwerste aller Kriminalstrafen. Sie ist die *„gesetzlich vorgesehene Tötung eines Menschen als Strafe für ein Verbrechen, dessen er für schuldig befunden wurde. Ihr geht in der Regel ein Gerichtsverfahren voraus, das mit einem amtlichen Todesurteil endet. Dieses wird dann durch die Hinrichtung vollstreckt. Das gesamte Verfahren kann nur durch dazu bevollmächtigte Vertreter und Behörden eines Staates vollzogen werden.*[1]

Praktiziert wurde die T. bereits im Altertum und wurde weithin als legitime Form der Bestrafung angesehen. In Europa erwuchsen erst im 18. Jahrhundert erste Zweifel am Recht des Staates, das Leben seiner straffälligen Bürger zu fordern. Umstritten war und ist zudem die Frage, für welche Verbrechen die T. verhängt werden solle. Neben Mord und Totschlag werden in vielen Ländern auch Raub, Vergewaltigung, Ehebruch, Prostitution, Landesverrat und viele andere Delikte mit der T. geahndet.

Von den fast 200 Staaten der Erde werden heute in über 50 Ländern Menschen mit dem Tod bestraft. Die meisten Hinrichtungen finden in der Volksrepublik China statt. Schätzungen sprechen von mehreren Tausend Exekutionen, doch genaue Zahlen darüber liegen nicht vor, da sie als Staatsgeheimnis gelten. Die Statistiken von Menschenrechtsorganisationen weisen vor allem einige islamische Staaten als Spitzenreiter dieser Strafpraxis aus. Auf europäischem Boden hält allein Weißrussland an der T. fest.

Die USA sind das einzige NATO-Land, das diese Strafe anwendet. Über die Hälfte der 50 Bundesstaaten erlaubt die Verurteilung zum Tod, dennoch sinkt die öffentliche Zustimmung zu staatlichen Hinrichtungen und führt zu einer schrittweisen Abkehr.[2]

In Deutschland wurde mit der Gründung der Bundesrepublik 1949 die T. grundsätzlich abgeschafft (Art. 102 GG). In der DDR wurde sie erst 1987 aus dem Gesetzbuch gestrichen.

Die Befürworter der T. argumentieren meist u.a. mit dem Mehrheitsvotum in der Bevölkerung, dass die Hinrichtung die angemessene Vergeltung bei schwersten Straftaten sei, dem nachhaltigen Schutz der Gesellschaft, der Abschreckung anderer potentieller Täter sowie der Kostenersparnis gegenüber einer lebenslangen Haft. Die Gegner bezweifeln z. B. den behaupteten Abschreckungseffekt, sehen in der Tötung eine Form staatlicher Rache, bei der

Gleiches mit Gleichem vergolten werde, die T. widerspreche fundamental den Menschenrechten und der Staat gehe zudem das Risiko ein, auch Unschuldige hinzurichten.[3]

Als Begründung der T. dient auch oft die religiöse Tradition bzw. die jeweils Heilige Schrift. So erlaubt der Koran in bestimmten Fällen die Hinrichtung des Täters.[4] In christlich geprägten Ländern wird umgekehrt die Autorität der Bibel herangezogen, um die Berechtigung der T. zu untermauern. Vor allem zwei Stellen im AT werden gerne angeführt:

Genesis 9,6: *„Wer Blut eines Menschen vergießt, um dieses Menschen willen wird auch sein Blut vergossen. Denn als Bild Gottes hat er den Menschen gemacht.*

Exodus 21,23-25: *Ist weiterer Schaden entstanden, dann musst du geben: Leben für Leben, Auge für Auge, Zahn für Zahn, Hand für Hand, Fuß für Fuß, Brandmal für Brandmal, Wunde für Wunde, Strieme für Strieme." (EÜ 2016)*

Die alttestamentliche Tradition kennt jedoch eine Reihe von Vergehen, die mit dem Tode zu bestrafen sind: z. B. Zauberei, Sodomie, Inzucht, Prostitution, Homosexualität, Ehebruch, Opfern an fremde Götter, Entheiligung des Sabbats usw. „Aber niemand mit gesundem Menschenverstand würde auch nur daran denken, diesen Moralkodex heute noch anzuwenden", betont Sister Helen Prejean, die seit Jahrzehnten in den USA für die Abschaffung der T. eintritt.[5] Lediglich eine fundamentalistische Lesart der Bibel erlaubt eine wörtliche Übertragung in die Gegenwart.

Bemerkenswert ist die langjährige Lehrtradition der Katholischen Kirche, die dem Staat das Recht zusprach, in extremen Fällen auch die T. verhängen zu dürfen – ohne sich selbst unmissverständlich davon zu distanzieren. Im „Katechismus der Katholischen Kirche" (KKK) von 1992 heißt es unter Nr. 2266f: *„Der Schutz des Gemeinwohls der Gesellschaft erfordert, daß der Angreifer außerstande gesetzt wird schaden. Aus diesem Grund hat die überlieferte Lehre der Kirche die Rechtmäßigkeit des Rechtes und der Pflicht der gesetzmäßigen öffentlichen Gewalt anerkannt, der Schwere des Verbrechens angemessene Strafen zu verhängen, ohne in schwerwiegendsten Fällen die Todesstrafe auszuschließen. Aus analogen Gründen haben die Verantwortungsträger das Recht, diejenigen, die das Gemeinwesen, für das sie verantwortlich sind, angreifen, mit Waffengewalt abzuwehren."[6]*

Erst im Jahre 2017 erfuhr dieser Passus durch Papst Franziskus eine klarstellende Korrektur. Der veränderte Abschnitt Nr. 2267 lautet nun: *„Lange Zeit wurde der Rückgriff auf die Todesstrafe durch die rechtmäßige Autorität – nach einem ordentlichen Gerichtsverfahren – als eine angemessene Antwort auf die*

Schwere einiger Verbrechen und als ein annehmbares, wenn auch extremes Mittel zur Wahrung des Gemeinwohls angesehen. Heute gibt es ein wachsendes Bewusstsein dafür, dass die Würde der Person auch dann nicht verloren geht, wenn jemand schwerste Verbrechen begangen hat. Hinzu kommt, dass sich ein neues Verständnis vom Sinn der Strafsanktionen durch den Staat verbreitet hat. Schließlich wurden wirksamere Haftsysteme entwickelt, welche die pflichtgemäße Verteidigung der Bürger garantieren, zugleich aber dem Täter nicht endgültig die Möglichkeit der Besserung nehmen. Deshalb lehrt die Kirche im Licht des Evangeliums, dass >die Todesstrafe unzulässig ist, weil sie gegen die Unantastbarkeit und Würde der Person verstößt<, und setzt sich mit Entschiedenheit für deren Abschaffung in der ganzen Welt ein."[7]

Die deutschen Bischöfe sprachen sich im zweiten Band vom Katholischen Erwachsenen-Katechismus 1995 noch vorsichtig in diese Richtung aus: *„Vom Glauben her werden Christen über alle staatliche Rechtsordnung hinaus daran erinnert, daß auch der schlimmste Verbrecher sich mit Gott versöhnen lassen kann, indem er die Gnade der Einsicht und Umkehr annimmt. Vor diesem Hintergrund hat sich die Überzeugung verstärkt, daß Christen - besonders in unseren Verhältnissen - keine Verfechter der Todesstrafe sein sollten."*[8]

2. Worum es dabei im Religionsunterricht geht

Sehr wahrscheinlich werden sich in jeder Lerngruppe Befürworter als auch Gegner der T. finden. Also bietet sich an, für beide Positionen die Argumente zu sammeln und einer ersten Diskussion zu unterziehen. Die Stichhaltigkeit aller Argumente gilt es zu prüfen: Welche Voraussetzungen werden dabei gemacht? Stimmen die Behauptungen mit den zugänglichen Sach-informationen und Statistiken überein? Eine Reihe von Fragen drängt sich auf: Wieso existiert aktuell die T. in vielen US-Bundesstaaten, jedoch nicht in der EU? Womit wird dort wie hier die Haltung in der Sache begründet? Welche Veränderungen in der Sache ergaben sich im 20. Jahrhundert? Was zeigt ein weltweiter Vergleich? Wie stehen die Religionen zur T.? Was sagen die christlichen Kirchen dazu? Wozu dienen Strafen überhaupt? Was bewirkt die T. bei den Angehörigen der Opfer und der Täter? usw.

Den SchülerInnen soll dadurch deutlicher werden, dass es sich hier um eine juristisch, politisch, ethisch und religiös höchst umstrittene Strafpraxis handelt. Neben dem offenen Austausch basiert die angemessene Bearbeitung des Themas auf den entsprechenden Sachinformationen, vor allem im Hinblick auf ethische Perspektiven und religiöse Standpunkte. Wenn nachvollziehbar wird, wie sehr die Diskussion sich letztlich um grundsätzliche Werte und Ideale, um das

Menschenbild sowie den Sinn und Zweck von Strafen überhaupt dreht, ist ein wesentliches Ziel des Unterrichts erreicht. Die gleichzeitige Zustimmung zu Menschenrechten und zur Todesstrafe sollte als widersprüchliche und inkonsequente Haltung identifizierbar werden. Sofern es pädagogisch ja kein Ziel des Unterrichtes sein kann, nun alle zu überzeugten Gegnern der T. zu machen, so muss es aber die Absicht sein, dass hinterher jeder Teilnehmer seinen Standpunkt bewusster und begründeter vertreten kann.

Quellen

1 https://todesstrafe-heute.blogspot.com/
2 Zu den USA siehe: https://www.usa-info.net/usa-wiki/todesstrafe-in-den-usa/
3 Zur Argumentation vgl.:
   https://www.amnesty-todesstrafe.de/files/reader_wenn-der-staat-toetet_argumente.pdf
4 Vgl. Monika u. Udo Tworuschka: Islam Lexikon, Patmos, Düsseldorf 2002, 190f („Strafrecht")
5 Zitat aus: Sister Helen Prejean: Dead Man Walking. Sein letzter Gang, Goldmann TB 43542, München 1996, 300
6 http://www.vatican.va/archive/DEU0035/_P86.HTM
7 http://www.vatican.va/roman_curia/congregations/cfaith/documents/rc_con_cfaith_doc_20180801_catechismo-penadimorte_ge.html
   Entscheidend: Papst Franziskus, Ansprache zum 25. Jahrestag der Veröffentlichung des Katechismus der Katholischen Kirche, 11. Oktober 2017 (L'Osservatore Romano, 13. Oktober 2017, 5).
8 Katholischer Erwachsenen-Katechismus. Zweiter Band: Leben aus dem Glauben, Herausgegeben von der Deutschen Bischofskonferenz, Bonn 1995, 286

Literatur:

- Amnesty International Report 2017/18, Fischer, Frankfurt/M. 2018
- Martin Haidinger: Todesstrafe: Von der Guillotine zur Giftspritze, Nikol, Hamburg 2013
- Karl B. Leder: Todesstrafe: Ursprung, Geschichte, Opfer, Area/Tandem, Potsdam 2006
- Frank Müller: Streitfall Todesstrafe, Patmos, Düsseldorf 1998
- Helmut Ortner: Wenn der Staat tötet: Eine Geschichte der Todesstrafe, Theiss, Stuttgart 2017

Verknüpfungen:
→ Gerechtigkeit, → Mensch

Anhang: 39-40

2.18 Verantwortung

1. Worum es in der Sache geht

„Im Bewußtsein seiner Verantwortung vor Gott und den Menschen…" – mit diesem Satz beginnt unsere Verfassung. Was aber bedeutet V.? Wie wird man der V. gerecht?

Ganz allgemein und formal bedeutet V., dass jemand gegenüber einer Instanz für sein Wollen und Handeln Rechenschaft abzulegen hat. Das kann in jedem Lebensbereich stattfinden. Der Begriff beinhaltet dabei zugleich wenigstens eine dreifache Relation: 1. Das Verantwortungs*subjekt* (*Wer* trägt V.?), 2. der Verantwortungs*bereich* (*Wofür* bzw. *für wen* ist jemand verantwortlich?) und 3. Die Verantwortungs*instanz (Wem gegenüber* ist man verantwortlich?).[1]
Zusätzlich wäre auch danach zu fragen, *auf welche Weise* jemand seine V. praktiziert. Heiligt der Zweck die Mittel? Wenn beispielsweise der 16jährige Peter abends auf seinen 5jährigen Bruder aufpassen soll, ihm die Eltern also während ihrer Abwesenheit die Verantwortung übertragen haben, so könnte Peter (weil er lieber anderes tun möchte als mit dem Kleinen zu spielen) seinen Bruder auch geknebelt und gefesselt vor den Fernseher setzen, damit er nichts anstellt. Das wäre gewiss nicht die richtige Art und Weise.
In diesem Fall wurde die V. bewusst übertragen, Peter wurde damit zum Verantwortungssubjekt. Aber nicht immer muss eine solche Übertragung vorliegen. Die V. kann sich auch einfach durch die Situation ergeben. Wenn ein Mensch in Lebensgefahr gerät, ist jeder für dessen Rettung wenigstens mitverantwortlich. Dieses moralische Prinzip hat sich sogar der Gesetzgeber zu eigen gemacht mit der Strafandrohung wegen „unterlassener Hilfeleistung."

An diesen Beispielen wird noch ein Vierfaches deutlich:
1. „*Verantwortung ergibt sich stets aus Situationen, in denen wir uns befinden, aus sittlichen Verhältnissen. Sittliche Verhältnisse sind: Freundschaft, Ehe, das Verhältnis zwischen Eltern und Kindern, zwischen Arzt und Patient, zwischen Lehrern und Schülern, zwischen Berufskollegen usw., usw. Erst in solchen Verhältnissen entfaltet sich die sittliche Natur des Menschen.*[2]
2. V. kann auch nur altersgemäß gefordert und wahrgenommen werden. Von Kindern erwartet man konsequenterweise weniger Verantwortungsbewusstsein als von einem Erwachsenen. Das Kriterium dafür ist die Fähigkeit zum Vernunftgebrauch, was auch Sachkenntnisse und Folgenabschätzung einschließt.

3. Die V. wächst mit Macht und Fähigkeit. *„So hat ein Unternehmer in normaler Situation nicht die Verantwortung für alle ökologischen Folgen, die sich aus dem Zusammentreffen seiner legalen Tätigkeit mit der vieler anderer ergibt. Es ist die Verantwortung des Staates, diese Nebenwirkungen durch gesetzliche Rahmenbedingungen in Grenzen zu halten. Anders dort, wo mächtige Konzerne schwachen oder korrupten Regierungen in armen Ländern gegenüberstehen. Mit der quasi politischen Macht, die ihnen dort zufällt, wächst auch die Verantwortung.*[3] Man denke nur an global agierende Konzerne wie Google, Facebook, Amazon, Nestle usw.

4. Menschliche V. kennt Stufen. Man kann einerseits nur dort verantwortlich sein, wo überhaupt Einflussmöglichkeiten gegeben sind. Für die Wirkungen der Schwerkraft oder das morgige Wetter kann niemand verantwortlich gemacht werden. Zur Verantwortlichkeit zählt auch der Vorausblick auf die absehbaren Folgen des Handelns. Niemand vermag sich jedoch alle Folgen auszumalen, die aus dem eigenen handeln entstehen können. V. hat also Grenzen: *„Die Obergrenze liegt dort, wo das Ganze des Universums beziehungsweise der Welt und der Menschheit ins Spiel kommt, die untere Grenze dort, wo die Würde der einzelnen Person tangiert wird."*[4]

Wie weit reicht letztlich die V. des Einzelnen? Ist sie nicht auch eine Sache der Interpretation? Können gegensätzliche „Lösungen" derselben Situation gleichermaßen als verantwortlich betrachtet werden? Gibt es überhaupt Handlungen, die immer und unter allen Umständen unverantwortbar sind? Letzteres trifft z. B. auf die Folter zu.

Zur fundamentalen Orientierung für verantwortliches Handeln formulierte Immanuel Kant seinen sogenannten Kategorischen Imperativ. Einmal als Universalisierungsformel: *„Handle nur nach derjenigen Maxime, durch die du zugleich wollen kannst, dass sie ein allgemeines Gesetz werde."* Und ergänzend in der Selbstzweckformel: *„Handle so, dass du die Menschheit sowohl in deiner Person, als in der Person eines jeden anderen jederzeit zugleich als Zweck, niemals bloß als Mittel brauchst."*[5]

Ohne den Anspruch auf vollständige Abdeckung des mit dem Begriff der V. Gemeinten lässt sich doch folgende Skizzierung wagen. V. bedeutet:

- die Übernahme einer Verpflichtung.
- Rechenschaft abzulegen über eigenes Handeln, die Mittel und die Folgen.
- einer Instanz gegenüber rechenschaftspflichtig zu sein. V. zu tragen heißt, zur Antwort herausgefordert zu sein. Fordernde Instanz können sein:

a) die eigene Person (z. B. Gesundheit, Gewissen)
b) andere Personen (z. B. Kinder, Eltern, Partner)
c) die Gemeinschaft (z. B. Familie, Betrieb, Freunde, Staat, Menschheit)
d) kommende Generationen (z. B. Natur, Rohstoffe, Klima)
e) Gott
- dass dazu bestimmte Voraussetzungen gegeben sein müssen, etwa die Freiheit von äußerer Bedrohung, von inneren Zwängen und unverschuldeter Unwissenheit. Es muss reale Einflussmöglichkeit auf den Gegenstand der Verantwortung geben.
- nicht immer einen bewussten Akt der freiwilligen Übernahme. Manchmal fordert die aktuelle Situation ein verantwortliches Handeln.
- dass V. kann auch stellvertretend übernommen werden kann.

Bis zu Beginn der Neuzeit galt im christlich geprägten Europa selbstverständlich Gott als die maßgebende Instanz, vor der sich der Mensch in seinem Tun und Unterlassen zu verantworten hatte. In mehr säkularen Zeiten zählt nun primär die V. vor dem Anderen, der staatlichen Gemeinschaft oder gar vor allen jetzt und zukünftig lebenden Menschen. Die Perspektive ist globaler geworden, kennt aber kaum noch eine allseits akzeptierte religiöse Begründung.
Stammt der Begriff der V. ursprünglich dem Rechtsbereich, so ist er dennoch sinngemäß in den christlichen Sprachgebrauch eingewandert. In der Bibel nicht explizit vor, allerdings *„lässt sich sowohl die jüdische wie die christliche Überlieferung dahingehend lesen, dass zum einen Gott vom Schöpfungsbeginn an Verantwortung für den ganzen Kosmos, alle Weltverhältnisse, sein Volk und jeden Menschen übernimmt und zum anderen von menschlicher Seite aus auf dieses zuvor ergehende Ja Gottes hörend und handelnd geantwortet wird."*[6]
Die Praxis heißt dann Nächstenliebe, Barmherzigkeit, Gerechtigkeit.

2. Worum es dabei im Religionsunterricht geht

Verantwortlich zu leben kann sich bei den SchülerInnen durchaus in variablen Horizonten darstellen. Teils bedeutet es den fairen Umgang mit den Menschen des näheren Umfeldes, andere wiederum engagieren sich z. B. für Klimaschutz und umweltschonenden Konsum („Fridays for Future!).

Um den Kern verantwortlichen Handelns deutlicher herauszuarbeiten, bietet sich die Diskussion und Analyse fiktiver Alltagssituationen an. Hier nur zwei kleine Beispiele:[7]

1. Eine Frau ist todkrank, sie braucht dringend ein sehr teures Medikament, das die Krankenkasse nicht bezahlt. Die finanzielle Situation der Familie lässt nicht zu, das Medikament aus eigener Tasche zu finanzieren. Der Ehemann bricht in seiner Verzweiflung nachts in eine Apotheke ein und stiehlt das Medikament. Wie beurteilst du dieses Vorgehen, sollte der Mann, wenn er erwischt wird, bestraft werden?

2. Du bist Auszubildender in einem kfm. Betrieb, eine Übernahme nach der Abschlussprüfung ist nicht möglich. Dein Chef belästigt sexuell ständig eine junge Kollegin. Du warst zweimal zufällig Zeuge solcher Belästigungen. Deine Kollegin will den Chef bei der Polizei anzeigen, sie bittet dich eine Zeugenaussage zu unterschreiben. Dein Chef verspricht dir, dich zu nach der Ausbildung zu übernehmen, wenn du schweigst. Was würdest du machen?

Weiterführend sie die jeweiligen Begründungen. Wieweit sind die vorge-schlagenen Entscheidungen verantwortlich? *Wer ist hier wem gegenüber verantwortlich – wieso? Wie lässt sich aus dieser Analyse eine Antwort geben, worum es bei V. geht?*

Der Eigenversuch zur Begriffsbestimmung kann dann beispielsweise mit lexikalischen Auskünften verglichen werden, woraus sich etwa die obige Skizzierung zusammenstellen lässt. Um nicht bei dieser mehr formalen Umschreibung stehen zu bleiben, müssen die Motivationen der ethischen Entscheidungen näher beleuchtet werden. *Welche Gefühle, Gesetze, Werte und Normen spielen in diesen Situationen eine zentrale Rolle? Wieso sind diese Werte wichtig? Wie lassen sie sich begründen?* usw.

Dass Moral zu begründen gar nicht so leicht ist, wird dabei immer deutlicher. So drängen sich die tiefergehenden Überlegungen fast von selbst auf: *Woran orientieren sich viele Menschen faktisch in ihrem Handeln? Woran sollten sie sich halten? Was macht eine Gewissensentscheidung aus?* usw. Nochmals dichter am Alltag als auch am Lebensnerv der SchülerInnen gefragt: *Wie komme ich im Ernstfall zu einer verantwortlichen, d. h. einer vernünftigen, vertretbaren und nachhaltigen Entscheidung?*

Die ethische Reflexion kennt dazu als hilfreiche Wegbeschreibung für die Entscheidungsfindung ein Modell in sechs Schritten:[8]

Schritt 1 (Problemstellung): Was ist eigentlich das Problem? Welche Aspekte gehören zu dem Problem? Wer hat das Problem? Wieso ist das ein Problem? Wessen Bedürfnisse und Interessen spielen dabei eine Rolle?

Schritt 2 (Situationsanalyse): Wie sind die Rahmenbedingungen der konkreten Situation? In welchem Zusammenhang steht das Problem? Welche Bedingungen sind unabänderlich (z.B. Gesetze)? Was kann ich beeinflussen, welche Handlungsspielräume habe ich?
Schritt 3 (Alternativen): Welche Entscheidungsmöglichkeiten gibt es? Welche Folgen hätte welche Entscheidung? Welche Lösung kann ich vor mir und vor anderen am besten verantworten?
Schritt 4 (Prüfung der Werte und Normen): Nach welchen Kriterien soll ich mich entscheiden? Nach was entscheide ich in anderen Lebenssituationen? Was könnte eine gesellschaftliche Forderung sein? Welche Werte und Normen spielen hier eine Rolle? Wer ist (und wie) von meiner Entscheidung betroffen?
Schritt 5 (Entscheidung): Nachdem das Problem erfasst ist, die Rahmenbedingungen geklärt und die Handlungsalternativen bewusstgemacht worden sind, sollte ich mich für diejenige Alternative entscheiden, die ich mit meinem Gewissen vereinbaren kann.
Schritt 6 (Überprüfung): Wir alle machen Fehler, weil wir Menschen sind. Fehler kann man aber korrigieren. Daher sollte man bei einer falschen Entscheidung darüber nachdenken, was man bei der ethischen Urteilsfindung nicht berücksichtigt hat. Dann kann man die Entscheidung ändern.
Dieses Schema sollte wenigstens an einem Fallbeispiel durchbuchstabiert werden.

Zielperspektive des Gesprächs bildet die Einsicht, dass es sich nie nur um punktuelle Entscheidungen und Verhaltensweisen dreht. Sie spiegeln und prägen in der Summe die gesamte Lebenseinstellung, das Selbstbild, wie egozentriert oder prosozial jemand ist bzw. sein möchte, wie selbst- oder fremdbestimmt, wie bewusst werteorientiert oder situativ neigungsgeleitet die konkrete Lebenspraxis gestaltet wird. Final kreisen die gedanklichen Spuren also um das Menschen- und Weltbild, mündend in der Frage nach dem Sinn des Ganzen.

Quellen:

1 Ich beschränke mich hier auf die für den unterrichtlichen Zusammenhang grundlegenden Aspekte. Zum Wandel in der ethischen Diskussion, weiteren Facetten des Begriffes usw. siehe den entsprechenden Wikipedia-Artikel.
2 Robert Spaemann: Wer hat wofür Verantwortung? In: http://www.kath-info.de/verantwortungsethik.html
3 Ebd.
4 Ebd.
5 https://de.wikipedia.org/wiki/Kategorischer_Imperativ
6 Thomas Schlag: Art.: Verantwortung, in: http://www.bibelwissenschaft.de/stichwort/100170/
7 http://www.zum.de/Faecher/kR/BW/wagner/dilemma1.htm
Dort finden sich weitere Fallgeschichten. Weitere Materialien unter: https://material.rpi-virtuell.de/facettierte-suche/?fwp_suche=verantwortung
8 Vgl.: http://www.gym-hartberg.ac.at/schule/images/stories/Religion/themen_matura/18_Eth_Urteil.pdf

Literatur:

- André Comte-Sponville: Ermutigung zum unzeitgemäßen Leben, rororo 60524, Reinbek 1998
- Bernward Gesang: Darf ich das oder muss ich sogar?, Piper, München 2017
- Heiner Hastedt / Ekkehard Martens (Hg.): Ethik. Ein Grundkurs, rororo 538, Reinbek 1994, bes. 180ff
- Hans Jonas: Das Prinzip Verantwortung, Insel, Frankfurt 1979
- Christoph von Lowtzow: Es geht ums Ganze, Steinkopf, Stuttgart 1997
- Dietmar von der Pfordten: Menschenwürde, Beck, München 2016

Verknüpfungen:

→ Gewissen

Anhang: 41

118

2.19 Wunder

1. Worum es in der Sache geht

Die Alltagssprache bezeichnet gerne eine Begebenheit als W.: Im Fußball gab es das „Wunder von Bern", jemand hat „wie durch ein Wunder" einen Unfall überstanden, ein neues Kleidungsstück passt „wunderbar", Kinder freuen sich über eine „Wundertüte", das Militär präsentiert eine neue „Wunderwaffe", einem Kranken scheint nur noch „ein Wunder" helfen zu können usw.

Die unterschiedlichen Kontexte und Voraussetzungen in der Verwendung des Begriffes W. ergeben noch keine Klarheit über das begrifflich Gemeinte. Die Zuhilfenahme einiger Wörterbücher erklärt umschreibend, ein W. sei:
- eine außergewöhnliche Erscheinung,
- ein Vorgang, der den normalen Erfahrungen und den Naturgesetzen widerspricht,
- ein Ereignis, das übliche Maßstäbe sprengt,
- ein Geschehen, das Staunen und Furcht hervorruft,
- für einen religiösen Menschen ein Zeichen für die Macht Gottes, das als Wohltat oder auch als Strafe gedeutet wird.[1]

So sehr diese Aspekte auch zutreffen mögen, sie bleiben dennoch an der Oberfläche des Ereignisses. Es wäre weiter zu fragen: Was ist für wen schon eine „außergewöhnliche Erscheinung"? Wer bestimmt denn die „üblichen Maßstäbe"? Was versetzt einen Menschen wirklich in „Staunen und Furcht"? Wo haben „normale Erfahrungen" ihre Grenze? usw.
Das eigentlich Wunderhafte liegt ja offenbar mehr in der Wahrnehmung des Einzelnen begründet. Was für A ein W. ist, wird B. vielleicht gar nicht als so außergewöhnlich und staunenswert ansehen. Und die sprachliche Mitteilung eines solch außerordentlichen Erlebnisses stößt schnell an ihre Grenze.

Die obige Umschreibung lässt sich nun etwas korrekter fassen. Ein W. ist
1. Es ist vor allem ein subjektives Erlebnis, kein äußerlicher, allgemein beobachtbarer und fotografierbarer Vorgang.
2. Dieses Erlebnis hängt wesentlich von der eigenen Offenheit, Bereitschaft und Sensibilität ab.
3. Als außergewöhnliches Ereignis lässt es sich nicht durch die äußeren Zusammenhänge befriedigend erklären, sondern wird im Rahmen der eigenen (bzw. der allgemein verbreiteten) Weltanschauung gedeutet.

4. Diese Deutung geschieht vorwiegend in den religiösen Vorstellungen der jeweiligen Kultur.

Die Diskussion um die Wahrheit von Wundererzählungen entzündet sich oft an den entsprechenden Texten des NT: Hat Jesus wirklich W. gewirkt? Wer so fragt, hat meist ein bestimmtes Vorverständnis über W., das nun unmittelbar in den Text hineingetragen wird. Das führt nicht nur zu keiner sachgerechten Antwort, es fördert eher weiteres Unverständnis und damit gar Ablehnung der biblischen Botschaft. Wichtig bleibt erstmal die Feststellung, dass wir hinsichtlich der W. Jesu nur über diese Erzählungen verfügen, die Jahrzehnte nach seinem Tod von verschiedenen Evangelisten verfasst wurden, die ihre Erzählabsichten auch nur mit den sprachlichen Mitteln ihrer Zeit in Worte fassen konnten. Ihr zentrales Motiv war, Jesus als den Sohn Gottes, den Messias und Erlöser darzustellen. Es ging ihnen um die religiöse Botschaft, um das Glaubensbekenntnis über diesen Mann aus Nazareth. Sie verfassten ihre jeweilige „Theologie", keinen Bericht, der an der Wiedergabe von Fakten und Einzelheiten interessiert ist. Das verlangt ein etwas anderes Lesen und Verstehen als die Lektüre einer Zeitung.

Das christliche Wunderverständnis, so Herbert Vorgrimler, geht von einem bestimmten Grundgedanken aus: *„Im Menschen ist eine »Tiefe« seines Daseins gegeben, die seine ganze Erfahrungswelt ständig begleitet und zugleich übersteigt. Diese »Tiefe« kann auch durch die Überlegung verdeutlicht werden, daß der Mensch in seiner geistgeprägten Natur innerlich eigentümlich erschlossen und offen ist für das »Jenseits« seiner Erfahrungswelt."*[2] Konsequenterweise bedeutet das dann, *„daß die Gewißheit von der Existenz eines Wunders nur im Glaubenssinn individueller menschlicher Subjektivität gegeben sein kann. Es gibt keinen objektiven Beweis für das tatsächliche Ereignis eines Wunders."*[3]

Wie ist also eine neutestamentliche Wundergeschichte richtig zu verstehen? Darauf lautet die ehrliche Antwort, dass es die *eine* verbindliche und gültige Auslegung solcher Geschichten nicht gibt. Denn „kaum eine andere Textgattung verlangt so dringend vom Leser Rechenschaft über sein Verständnis von Sprache, Wirklichkeit und Glaube."[4]

Es bleiben verschiedene Zugangswege und damit auch variable Deutungen gleichermaßen möglich. Diese Pluralität gilt es positiv zu verstehen und produktiv zu nutzen.[5]

2. Worum es dabei im Religionsunterricht geht

Wie oben angedeutet, gehört der Begriff W. zum allseits genutzten Vokabular. Mögliche Assoziationen und Wortverbindungen können einen ersten Zugang bieten. Ebenso ein paar persönliche Überlegungen und Notizen: *Ein Wunder ist für mich…; Ich habe selber schon mal auf ein Wunder gehofft, als…; Wenn ich Wunder vollbringen könnte…*

Eine angeleitete Internetrecherche wird noch eine informative Ausweitung ergeben, bleibt aber immer noch auf der Außenseite. Insbesondere die so fremdartig und unverständlich erscheinenden Wundererzählungen des NT werden damit noch nicht erreicht. An der aufmerksamen und geleiteten Lektüre des Originals führt kein Weg vorbei. Entsprechende Vorbereitungen der Lehrkraft mittels Kommentarliteratur und Lexika sind der Schlüssel für erhellende Einblicke in diese Erzählungen.[6]

Um sowohl die Dramaturgie der oft sehr komprimierten Szenen als auch das eigentliche Heilungsgeschehen besser zu verstehen, braucht es eine identifikatorische Nähe zu den handelnden Personen und ihrer Lebens-situation. Das kann evtl. durch das „Nachspielen" der Szene geschehen: *„Die Identifikation der Teilnehmenden im szenischen Spiel mit Situationen, die in der Bibel geschildert werden, befähigt, die in den Bibeltexten enthaltenen menschlichen Grunderfahrungen nachzuvollziehen und dadurch das eigene Leben tiefer zu verstehen und zu gestalten. So geschieht eine wechselseitige Auslegung von Lebenssituation der Teilnehmenden und Bibeltext."*[7]

Nur ein kleines Beispiel: Die Heilung des blinden Bartimäus (Markus 10,46-52). Wie lebt ein Blinder zurzeit Jesu? Wovon lebt er? Wie denkt er über sich selbst? Was sind seine Ängste und Hoffnungen? Was denken die Mitmenschen über ihn? Wie wird seine Krankheit verstanden? Warum wollen die Anderen ihn „mundtot" machen? Warum wirft er seinen Mantel weg? (Symbolik!) Wieso fragt Jesus ihn, was er ihm tun solle? Was bedeutet die Antwort von Jesus? Worin liegt also die eigentliche Heilung?

Solchen Fragen nachzugehen erlaubt den SchülerInnen ein genaueres Nachvollziehen der menschlichen, sozialen und religiösen Problematik. Die Wundergeschichten offenbaren dem Leser zudem weniger außergewöhnliche („mirakulöse") Ereignisse, die nur der Sohn Gottes vollbringen konnte, sondern zutiefst menschliche Möglichkeiten für ein gelingendes, heilsames Miteinander. Zudem Jesus seine Jünger auffordert, das Gleiche zu tun!
Daher führt neben der historisch-kritischen Lesart der Bibel, insbesondere die tiefenpsychologische Interpretation hier zu vertiefenden Einsichten.[8]

Die unterrichtliche Zielperspektive bringen Dorothee Sölle und Fulbert Steffensky treffend auf den Punkt: *„Was uns die Bibel so wertvoll macht, ist, daß sie voll von Veränderungsgeschichten ist. (...) Die Wundergeschichten im Neuen Testament erzählen, wie sich das Leben von Menschen verändert hat, obwohl zunächst jede Veränderung aussichtslos erschien. (...) Die Wundergeschichten sind Geschichten des Aufruhrs gegen die Resignation und gegen die Zerstörung des Lebens. Es sind Geschichten, die die Menschen lehren: Findet euch nicht ab, laßt euch nicht abspeisen mit dem halben und faulen Leben! Ihr habt ein Anrecht auf das Ganze."*[9]

Quellen:

1 Vgl. R. Jungnitsch: Wie soll das einer glauben?, BoD, Norderstedt 2018, 34-48
2 H. Vorgrimler: Neues Theologischer Wörterbuch, Herder, Freiburg 2000, 685
3 Ebd., 686
4 Heike Bee-Schroedter: Art. Wunder, in: Lexikon der Religionspädagogik, herausgegeben von Norbert Mette u. Folkert Rickers, Neukirchener Verlag, Neukirchen-Vluyn 2001, Bd. 2, 2230-2233, 2230
5 Beispielhaft dargestellt von Horst Klaus Berg: Ein Wort wie Feuer. Wege lebendiger Bibelauslegung, Kösel/Calwer, München/Stuttgart 1991
6 Hilfreich sind dabei „Das wissenschaftliche Bibellexikon im Internet": https://www.bibelwissenschaft.de/wibilex/ als auch „Das Wissenschaftlich-Religionspädagogische Lexikon im Internet": (https://www.bibelwissenschaft.de/wirelex/wirelex/)
7 Eleonore Reuter: Bibliodrama, https://www.bibelwissenschaft.de/stichwort/15309/
8 Zu diesem Beispiel etwa Eugen Drewermann; Das Markus-Evangelium, Zweiter Teil, Walter Verlag, Olten 1988, 148-165
9 Dorothee Sölle / Fulbert Steffensky: Nicht nur Ja und Amen, rororo rotfuchs 324, Reinbek 1983, 32-37 (Auszüge)

Literatur:

- Eugen Drewermann: Taten der Liebe. Meditationen über die Wunder Jesu, Herder Spektrum 4402, Freiburg 1995
- Josef Imbach: Die Wahrheit über Wunder, Bechtermünz, Augsburg 1997
- Alfons Weiser: Was die Bibel Wunder nennt, Verlag Kath. Bibelwerk, Stuttgart 1992

Verknüpfungen:

→ Glaube, → Mythos, → Religion

Anhang: 42

2.20 Zehn Gebote (Dekalog)

1. Worum es in der Sache geht

Der Dekalog („Zehnwort") gilt immer noch als universelle, zeitlose und normative Basis aller Verhaltensregeln und Gesetzgebungen, wenigstens in den Ländern, die durch die jüdisch-christliche Tradition geprägt wurden. Dieses Grundgesetz für das Volk Israel findet sich (mit geringfügigen Unterschieden) an zwei Stellen im AT: Exodus 20,1-17 und Deuteronomium 5,6-21). Entstanden ist der Dekalog wohl spätestens im 6. Jh. vor Christus. In der ursprünglichen Intention richten sich die Gebote an den freien erwachsenen Mann im Bundesvolk Gottes. Frauen, Kinder, Sklaven und alle anderen Völker waren erstmal nicht im Blick.

In gekürzter Form lautet der D. in Exodus 20,1-17:
Dann sprach Gott alle diese Worte: Ich bin der HERR, dein Gott, der dich aus dem Land Ägypten geführt hat, aus dem Sklavenhaus.
(1) Du sollst neben mir keine anderen Götter haben.
(2) Du sollst dir kein Kultbild machen…
(3) Du sollst den Namen des HERRN, deines Gottes, nicht missbrauchen…
(4) Gedenke des Sabbats: Halte ihn heilig!
(5) Ehre deinen Vater und deine Mutter…
(6) Du sollst nicht töten.
(7) Du sollst nicht die Ehe brechen.
(8) Du sollst nicht stehlen.
(9) Du sollst nicht falsch gegen deinen Nächsten aussagen.
(10) Du sollst nicht das Haus deines Nächsten begehren. Du sollst nicht die Frau deines Nächsten begehren, nicht seinen Sklaven oder seine Sklavin, sein Rind oder seinen Esel oder irgendetwas, das deinem Nächsten gehört.

In der Regel werden die Gebote auf zwei „Tafeln" verteilt dargestellt: Einerseits die Gebote 1 bis 3, die das Verhältnis zu Gott bestimmen, andererseits die Gebote 4 bis 10, die das zwischenmenschliche Verhalten regeln. Letztlich ist darin die untrennbare Verbindung von Gottes- und Nächstenliebe gemeint. Die Anzahl 10 hat vermutlich den praktisch-pädagogischen Grund der Merkbarkeit mittels unserer zehn Finger. Der Charakter dieses Regelkataloges wird durch die einleitende sogenannte Präambel klargestellt: Es geht um die Bewahrung der Freiheit, die nach der Befreiung aus der ägyptischen Sklaverei nun durch die Einhaltung von Gottes Geboten zugesagt wird. Diese Lesart muss immer wieder betont werden gegenüber dem verbreiteten Vorurteil, es gehe hier mehr um

Verbote, also einer vielfachen Beschränkung der Freiheit des Einzelnen. Aber es gibt keine wirkliche Freiheit ohne Bindung an verpflichtende Regeln für alle.

Gesetzestafeln zur Reglementierung eines stabilisierenden Miteinanders gab es im Alten Orient schon lange vor dem D., etwa der berühmte babylonische „Codex Hammurapi" aus dem 18. Jh. v. Chr. oder (ebenso aus dem 2. Jahrtausend v. Chr.) im 125. Kapitel des Ägyptischen Totenbuches, dort als „Negatives Glaubensbekenntnis" formuliert, wo der Verstorbene ausführt, welche Vergehen er *nicht* begangen habe. Das Neue am biblischen Bundesgesetz ist jedoch, dass es nicht von einer menschlichen Autorität, dem König, ausgeht, sondern als unmittelbarer Wille Gottes dargestellt wird (Ex 31,18). In Verbindung mit dem 1. Gebot (keine Verehrung fremder Götter) wird dadurch die religiöse Identität Israels im Kontrast zu seiner polytheistischen Umwelt unterstrichen.

Bei der Zählung der Gebote gibt es im Judentum und in den christlichen Kirchen unterschiedliche Traditionen. Juden verbinden z. B. das Fremd-götterverbot mit dem Bilderverbot, während Katholiken und Lutheraner als 10. Gebot das Begehren einer anderen Frau und das Begehren fremden Eigentums zu zwei eigenen Geboten machen, dafür die beiden ersten Gebote zu einem verbinden, um die Zehnerzahl zu erhalten.

Die einzelnen Gebote des D. zu erläutern ist hier nicht der Ort.[1] Nur zwei kurze Hinweise: Das 5. Gebot (Ehre deinen Vater und deine Mutter) wurde in der Vergangenheit derart missverstanden und pädagogisch missbraucht, als richte es sich an Kinder. Wie oben angedeutet, sind alle Gebote an die erwachsenen israelischen Männer gerichtet. Folglich geht es um das Wohl der älteren Generation: *„Die Eltern ehren heißt dann: nicht ,schlagen' (Ex 21,15), ,verfluchen' (Ex 21,17), ,herabsetzen' (Dtn 27,16), ,bestehlen' (Spr 28,24), ,verachten' (Spr 30,17; Spr 23,22), ,Gewalt antun und verjagen' (Spr 19,26). Besonders die beiden zuletzt genannten Texte zeigen, dass das Gebot sein Profil in der Lebenslage aller Eltern erhält, die sich nicht mehr selber versorgen können und von ihren erwachsenen Söhnen abhängig sind.*[2]

Ebenso wird in das 6. Gebot (Du sollst nicht töten) oft vorschnell ein generelles Tötungsverbot hineingelesen. In alttestamentlicher Zeit bezog es sich lediglich auf die Tötung freier Männer der eigenen Volksgemeinschaft. *„Es wird im Alten Testament jedoch weder für das Töten aus Notwehr (Ex 22,1) oder im Kriege, noch für das Töten von Angehörigen fremder Völker... gebraucht."*[3] Weder das Töten von Tieren, noch die Todesstrafe waren damit ausgeschlossen. Eine solche Ausweitung ergaben erst spätere Interpretationen.

2. Worum es dabei im Religionsunterricht geht

Die meisten SchülerInnen kennen den D. wohl nominell, werden ihn aber kaum komplett wiedergeben können. So bietet sich pädagogisch dennoch ein Weg an, sie die wichtigsten Inhalte quasi selber neu „erfinden" zu lassen. Dieser Schritt ist aber sinnvoll, bevor überhaupt von den biblischen Geboten die Rede sein wird. Es geht um eine kleine Phantasie-Übung, etwa so:

Stell dir vor: Im Jahre 2150 gelingt es eurer Raumschiff-Besatzung mit allen Freunden und Angehörigen dem letzten großen Krieg auf der Erde zu entfliehen. Die Erde ist nun unbewohnbar geworden, doch ihr kennt einen anderen Planeten, auf dem ihr siedeln könnt, weil er der Erde sehr ähnlich ist. Ihr fliegt dort hin und begründet so eine neue Zivilisation. Um aber wirklich zivilisiert leben zu können, muss sich eure Gemeinschaft auf einige „Regeln" einigen, die für alle und auf Dauer gelten sollen. Ihr sitzt also zusammen, überlegt, beratet und beschließt dann folgende verbindlichen Gemeinschafts-Regeln...

In Einzel- oder Gruppenarbeit werden sich dann als Ergebnis die sozialen Gebote der zweiten Tafel dort wiederfinden. Belegt wäre dadurch, dass dieser Teil des D. einer zutiefst menschlichen Neigung zu derartigen Regeln entspringt, sie also zu ihrer autoritativen Geltung nicht zusätzlich einer göttlichen Offenbarung bedürfen. Sie entsprechen - theologisch gedeutet - dem innersten Wesen des Menschen. Selbst evolutionsbiologisch hat sich gezeigt, dass die Erfolgsgeschichte des modernen Menschen in seinem konstruktiven Sozialverhalten begründet ist. Nicht Egoismus, sondern Kooperation fördern die Gemeinschaft.

Der religiöse Kontext, also die Gebote der ersten Tafel, wird naturgemäß nicht von allen nachzuvollziehen sein, wird aber inhaltlich zum Gegenstand der angezielten sachlichen Kompetenz des Themas. Die ursprüngliche Bedeutung der einzelnen Gebote als auch deren „Übersetzung" in gegenwärtige Lebenszusammenhänge wäre ein nächster Schritt um die bleibende Aktualität des D. aufzuzeigen.[4]

Sofern auch muslimische SchülerInnen zur Lerngruppe gehören, gebietet sich auch ein Seitenblick in den Koran, der in den Suren 6:151-153 und 17:23-39 vergleichbare Regeln auflistet.

Quellen:

1 Seihe dazu den ausführlichen Artikel „Dekalog / Zehn Gebote (AT)" von Matthias Köckert im WiBiLex: https://www.bibelwissenschaft.de/stichwort/10637/ oder auch: Kath. Erwachsenen-Katechismus. Herausgegeben von der Deutschen Bischofskonferenz. Zweiter Band, Kevelaer 1995, 147-467. Auch unter: https://www.dbk.de/themen/katechismus/
2 aus dem genannten WiBiLex-Artikel (Anm.1)
3 Ebd.
4 Unterrichtliche Hilfen sind zu finden:
   - https://material.rpi-virtuell.de/themenseite/zehn-gebote/
   - https://www.rpp-katholisch.de/Materialien/tabid/69/sp/1/action/search/Default.aspx?word=zehn+gebote
   - https://reli-mat.de/seiten/unterrichtsmaterial/cd_v3_4/gebote.htm

Literatur:

- Eugen Drewermann: Die Zehn Gebote. Zwischen Weisung und Weisheit, Patmos, Düsseldorf 2006
- Jürgen Fliege: Die Ordnung des Lebens. Die Zehn Gebote, Kösel, München 2005
- Roland Rosenstock: Die Zehn Gebote und was sie heute bedeuten, rororo 62232, Rowohlt, Reinbek 2007
- Fernando Savater: Die Zehn Gebote im 21. Jahrhundert, Wagenbach, Berlin 2006
- Mathias Schreiber: Die Zehn Gebote. Eine Ethik für heute, DVA, München 2010

Verknüpfungen:

→ Freiheit, → Gewissen, → Verantwortung

Anhang: 43-44

3. Literaturhinweise

3.1 Einführungen in Religion, Glaube und Christentum

- Matthias Beck: Christsein – Was ist das? Glauben auf den Punkt gebracht, Wien 2016
- Markus Beile: Religion für Nichtschwimmer. Fünf Trockenübungen, Gütersloh 2014
- Bernd Beuscher: Tacheles Glauben. Christliche Klischees auf dem Prüfstand, Neukirchen-Vluyn 2014
- Eugen Drewermann: Wendepunkte oder Was eigentlich besagt das Christentum?, Ostfildern 2014
- Rudolf Englert: Religion gibt zu denken. Eine Religionsdidaktik in 19 Lehrstücken, München 2013
- Hubertus Halbfas: Das Christentum. Erschlossen u. kommentiert. Düsseldorf 2004
- Hubertus Halbfas: Der Glaube. Erschlossen u. kommentiert. Ostfildern 2010
- Hubertus Halbfas: Religiöse Sprachlehre. Theorie und Praxis, Ostfildern 2012
- Gotthold Hasenhüttl: Glaube ohne Denkverbote. Für eine humane Religion, Darmstadt 2012
- Susanne Heine / Peter Pawlowsky: Die christliche Matrix, München 2008
- Klaus-Peter Jörns: Update für den Glauben. Denken und leben können, was man glaubt, Gütersloh 2012
- Rüdiger Kaldewey / Franz W. Niehl: Christentum kompakt, München 2010
- Albert Keller: Grundkurs des christlichen Glaubens. Freiburg 2011
- Joachim Kunstmann: Leben eben! Religion für Sinnsucher – eine Anleitung, Gütersloh 2013
- Volker Ladenthin: Zweifeln, nicht verzweifeln. Warum wir Religion brauchen, Würzburg 2016
- Hans-Martin Lübking: Kursbuch christlicher Glaube. Evangelische Perspektiven. Gütersloh 2009
- Doris Nauer: Gott. Woran glauben Christen? Stuttgart 2017
- Thomas Philipp: Wie heute glauben? Christsein im 21. Jahrhundert, Freiburg 2010
- Ina Praetorius: Ich glaube an Gott und so weiter..., Gütersloh 2011
- Norbert Scholl: Was mir zu denken, zu zweifeln und zu hoffen gibt. Regensburg 1996
- Norbert Scholl: Das Glaubensbekenntnis – Satz für Satz erklärt. München 2000

- Norbert Scholl: Glauben im Zweifel, Der moderne Mensch und Gott, Darmstadt 2016
- Georg Schwikart: Prüft alles, und behaltet das Gute. Selbst entscheiden, was man glaubt, Freiburg 2015
- David Steindl-Rast: Credo. Ein Glaube, der alle verbindet, Freiburg 2010
- Keith Ward: Gott. Das Kursbuch für Zweifler, Darmstadt 2007
- Axel Wiemer: Gott ist kein Pinguin. Theologie in religionspädagogischer Perspektive, Göttingen 2011

3.2 Religionspädagogik, Religionsunterricht, Didaktik

- Bernd Beuscher: Langeweile im Religionsunterricht? Göttingen 2009
- Albert Biesinger u.a. (Hg.): Kompetenzorientierung im Religionsunterricht an berufsbildenden Schulen, Münster 2014
- Gottfried Bitter u.a. (Hg.): Neues Handbuch religionspädagogischer Grundbegriffe, München 2002
- Roland Biewald u.a. (Hg.), Religionsunterricht an berufsbildenden Schulen. Ein Handbuch, Göttingen 2018
- Reinhold Boschki u.a. (Hg.): Religionspädagogische Grundoptionen, Freiburg 2008
- Frank Thomas Brinkmann: Religionspädagogik, Stuttgart 2013
- Rudolf Englert: Was wird aus Religion?, Ostfildern 2018
- Marc Fachinger: „Sie sind doch schon fest intrigiert!". Kath. Berufsschulreligionslehrer in kirchlichen Lehr-Lernprozessen, Münster 2015
- Marc Fachinger: Im Steinbruch des Herrn. Bekenntnisse aus der Berufsschule, Norderstedt 2017
- Bernhard Grümme u.a. (Hg.): Religionsunterricht neu denken, Stuttgart 2012
- Helmut Hanisch: Unterrichtsplanung im Fach Religion, UTB 2921, Göttingen 2007
- Georg Hilger / Stephan Leimgruber / Hans-Georg Ziebertz: Religionsdidaktik, München 2001/2010
- Christina Kalloch / Stephan Leimgruber / Ulrich Schwab: Lehrbuch der Religionsdidaktik, Freiburg 2009
- Klaus Kießling: Zur eigenen Stimme finden. Religiöses Lernen an berufsbildenden Schulen, Ostfildern 2004
- Klaus Kießling / Andreas Günter / Stephan Pruchniewicz: Machen Unterschiede Unterschiede? Konfessioneller Religionsunterricht in gemischten Lerngruppen, Göttingen 2018

- Peter Kliemann / Friedrich Schweitzer: Religion unterrichten lernen, Neukirchen-Vluyn 2007
- Joachim Kunstmann: Religionspädagogik, UTB 2500, Tübingen 2010 (2. Aufl.)
- Hans Mendl: Religionsdidaktik kompakt, München 2011/2018
- Hans Mendl: Religion erleben, München 2008
- Wolfgang Michalke-Leicht: Kompetenzorientiert unterrichten, München 2011
- Franz W. Niehl / Arthur Thömmes: 212 Methoden für den Religionsunterricht, München 1998
- Andreas Obermann: Religion trifft Beruf. Zur Didaktik des Berufsschulreligionsunterrichts, Münster 2018
- Uta Pohl-Patalong: Religionspädagogik, Göttingen 2013
- Sabine Pemsel-Maier / Mirjam Schambeck (Hg.): Keine Angst vor Inhalten!, Freiburg 2015
- Burkard Porzelt / Alexander Schimmel (Hg.): Strukturbegriffe der Religionspädagogik, Bad Heilbrunn 2015
- Stephan Pruchniewicz: Fremde(,) Schwestern und Brüder: Kooperativer Religionsunterricht an berufsbildenden Schulen, Münster 2016
- Ludwig Rendle (Hg.): Ganzheitliche Methoden im Religionsunterricht, München 2007
- Ludwig Rendle (Hg.): Was Religionslehrerinnen und –lehrer können sollen, Donauwörth 2008
- Ulrich Riegel: Wie Religion in Zukunft unterrichten? Stuttgart 2018
- Martin Rothgangel u.a. (Hg.): Religionspädagogisches Kompendium, Göttingen 2012
- Clauß Peter Sajak: Religion unterrichten. Voraussetzungen, Prinzipien, Kompetenzen, Seelze 2013
- Uwe Schauß: „Sag, wie hast du´s mit der Religion?" Ein didaktischer Leitfaden für den RU in der Oberstufe, Stuttgart 2015
- Hans Schmid: Die Kunst des Unterrichtens, München 1997/2012
- Hans Schmid: Unterrichtsvorbereitung – eine Kunst, München 2008
- Arthur Thömmes / Laura Enders: Referendariat Religion, Berlin 2017
- Axel Wiemer: Gott ist kein Pinguin. Theologie in religionspädagogischer Perspektive, Göttingen 2011
- Sönke Zandel / Niklas Günther: Religionsdidaktik in Übersichten, Göttingen 2017

3.3 Unterrichtswerke für die Berufsschule

- **SinnVollSinn**. Religion an Berufsschulen. Herausgegeben vom Institut für berufsorientierte Religionspädagogik, Kösel, München 2005-2010:
Bd. 1: Leid – Tod – Auferweckung
Bd. 2: Mensch und Welt als Gottes Schöpfung
Bd. 3: Jesus Christus
Bd. 4: Schuld und Versöhnung
Bd. 5: Religion und Kirche
Bd. 6: Gottes- und Nächstenliebe

- **Kursbuch Religion. Berufliche Schulen**, herausgegeben von Wolfram Eilerts, Calwer/Westermann, Stuttgart/Braunschweig 2013; ergänzend dazu: Lehrermaterialien Kursbuch Religion Berufliche Schulen, herausgegeben von Wolfram Eilerts, Calwer/Westermann, Stuttgart/Braunschweig 2014

- **reli plus**. Evangelische Religion. Ausgabe Berufliche Schulen: Schülerbuch, Klett, Stuttgart 2017; ergänzend dazu: reli plus. Evangelische Religion. Ausgabe Berufliche Schulen: Lehrerband mit CD-ROM, Klett, Stuttgart 2017

- **Evangelisch verstehen**. biblisch – kompetenzorientiert – individuell. Ein Religionsbuch für das berufliche Gymnasium von Dr. Karsten Jung, VERLAG EUROPA-LEHRMITTEL Nourney, Vollmer GmbH & Co. KG Düsselberger Straße 2342781 Haan-Gruiten, 2016

- **Freiräume**. Religionsbuch für berufsbildende Schulen Hg. Gesellschaft für Religionspädagogik e.V. Villigst Cornelsen 1993; dazu abgestimmt:
Ideen & Skizzen. Lehrerhandbuch zu Freiräume Hg. Gesellschaft für Religionspädagogik e.V. Villigst, Cornelsen 1994

- **Erfahrungen**. Lern- und Arbeitsbuch für den katholischen Religionsunterricht an berufsbildenden Schulen. Von Irmgard Dickmann-Schuth und Walter Neher, Verlag H. Stam, Köln 1993

Weitere Fachliteratur zum BRU im LIT Verlag:
Religion und berufliche Bildung.
herausgegeben von Matthias Gronover, Klaus Kießling, Rainer Möller, Andreas Obermann
http://lit-verlag.de/reihe/rbs

4. Suchen und Finden im Internet

4.1 Zum RU allgemein:

Religionspädagogisches Portal der Kath. Kirche:
https://www.rpp-katholisch.de/

Virtuelles religionspädagogisches Institut:
https://rpi-virtuell.de/

4teachers – Von Lehrern für Lehrer:
https://www.4teachers.de/?action=show&id=5081&sid=

Argumente für den Religionsunterricht:
http://www.darum.info/

Deutscher Katecheten-Verein:
http://www.katecheten-verein.de/de/

Hessischer Bildungsserver:
http://lernarchiv.bildung.hessen.de/sek/index.html

Religionsunterricht in Hessen:
http://religionsunterricht-hessen.de/

Kompetenzorientierung im Religionsunterricht:
https://www.terno.de/unterricht/religion/kompetenzorientierung.php

Zentrale für Unterrichtsmedien:
https://www.zum.de/portal/Religion

Comenius-Institut:
https://comenius.de/

4.2 Quellen zum Nachschlagen:

WiReLex – Das Wissenschaftlich-Religionspädagogische Lexikon im Internet:
https://www.bibelwissenschaft.de/wirelex/das-wissenschaftlich-religionspaedagogische-lexikon/

Das wissenschaftliche Bibellexikon im Internet (WiBiLex):
https://www.bibelwissenschaft.de/wibilex/

Die Bibel in verschiedenen Übersetzungen:
https://www.bibleserver.com/start

Bibel-Konkordanz:
https://www.die-bibel.de/bibeln/bibellexikon/konkordanz-themenregister/

Das Online-Lexikon zur Religion:
http://relilex.de/

Wikipedia-Portal Religion:
https://de.wikipedia.org/wiki/Portal:Religion

Kathpedia – Die freie katholische Enzyklopädie:
http://www.kathpedia.com/index.php?title=Hauptseite

Kirche von A-Z:
https://dbk.de/kirche-a-z/

Religiöses Brauchtum:
https://www.brauchtum.de/de/

Ökumenisches Heiligenlexikon:
https://www.heiligenlexikon.de/

Wörterbuch der Mythologie:
http://www.vollmer-mythologie.de/
https://www.gottwein.de/Myth/mythos01.php

Symbol-Lexikon:
http://www.apfelwelbla.de/fachlexikon_symbole_christliche.htm

Religiolexikon:
http://www.religio.de/lex/alphkat.html

Basiswissen Glauben:
https://www.ekd.de/Basiswissen-Glauben.htm

Dokumente des II. Vatikanischen Konzils:
http://www.vatican.va/archive/hist_councils/ii_vatican_council/index_ge.htm

Gemeinsame Synode der Bistümer in der Bundesrepublik Deutschland:
https://www.dbk.de/fileadmin/redaktion/Synoden/gemeinsame_Synode/band1/s
ynode.pdf

https://www.dbk-shop.de/de/deutsche-
bischofskonferenz/synodenteyxte/gemeinsame-synode-der-
bistuemer/gemeinsame-synode-bistuemer-bundesrepublik-deutschland.html

https://www.dbk-shop.de/de/deutsche-
bischofskonferenz/synodenteyxte/gemeinsame-synode-der-
bistuemer/gemeinsame-synode-bistuemer-bundesrepublik-deutschland1.html

Katholischer Erwachsenen-Katechismus:
http://www.alt.dbk.de/katechismus/index.php

Katechismus der Katholischen Kirche:
http://www.vatican.va/archive/DEU0035/_INDEX.HTM

Zeitschriften für Religionslehrerinnen und Religionslehrer:
https://www.rpp-katholisch.de/Zeitschriften/tabid/234/Default.aspx

Video-Clips „Katholisch für Anfänger":
https://www.youtube.com/playlist?list=PLarPhgGhSYjD21k0FdIEbMHNwbmazdj
4d&disable_polymer=true

4.3 Zum Berufsschul-Religionsunterricht (BRU)

Lehrpläne für den BRU:
https://kultusministerium.hessen.de/schulsystem/bildungsstandards-
kerncurricula-und-lehrplaene/lehrplaene/berufliche-schulen-0

BRU-Portal:
https://bru-portal.de/

Katholische Institut für berufsorientierte Religionspädagogik (KIBOR):
https://uni-tuebingen.de/fakultaeten/katholisch-theologische-
fakultaet/lehrstuehle/katholisches-institut-fuer-berufsorientierte-
religionspaedagogik-kibor/institut.html

Evangelisches Institut für Berufsorientierte Religionspädagogik (EIBOR):
https://uni-tuebingen.de/fakultaeten/evangelisch-theologische-fakultaet/lehrstuehle-und-institute/praktische-theologie/praktische-theologie-ii/projekte/eibor/

Bonner evangelisches Institut für berufsorientierte Religionspädagogik (bibor):
https://www.bibor.uni-bonn.de/

Materialien für den BRU:
http://www.dihorst.de/

BRU-Magazin:
http://www.bru-magazin.de/index.php

RPI Hessen: Materialpool Berufliche Schule
https://rpi-ekkw-ekhn.de/home/bereiche/rpi-arbeitsbereiche/berufliche-schulen/materialpool-berufliche-schulen/

Unterrichtshilfen zum hessischen Rahmenlehrplan „Kath. Religion Berufsschule":
https://bbs.bistumlimburg.de/beitrag/religionsunterricht-lernbausteine/

Film zum BRU: Mehr als Moleküle
https://spark.adobe.com/page/AmwrhxMPfP4ah/

Ein CrossMedia-Projekt für den Religionsunterricht an Berufsbildenden Schulen: Woran du Dein Herz hängst
http://woran-du-dein-herz-haengst.de/

4.4 Allgemeine Begründungen für den Religionsunterricht

Deutsche Bischofskonferenz:
https://www.dbk.de/fileadmin/redaktion/veroeffentlichungen/Sonstige/argumente_fuer_den_religionsunterricht.pdf

Evangelisch-Lutherische Landeskirche Hannover:
https://www.kirche-schule.de/damfiles/default/kirche_und_schule/themen/religionsunterricht/10-gute-Gruende-RU-88c78aa894e51c5ddb2b33b48af7ca28.pdf

10 Thesen des Rates der Evangelischen Kirche in Deutschland zum Religionsunterricht (2006):
http://www.kirche-schule.de/damfiles/default/kirche_und_schule/themen/religionsunterricht/EKD-Religionsunterricht-fdac7b454b091474aa9d9863b9e5c846.pdf

SCHULDEKAN HEIDENHEIM UND GEISLINGEN:
https://www.schuldekan-heidenheim.de/religionsunterricht/kirche-und-schule/12-gute-gruende-fuer-konfessionellen-religionsunterreicht/

RPI Karlsruhe:
https://www.kirche-und-religionsunterricht.de/fileadmin/mediapool/gemeinden/E_okr_dezernat_2.1/Downloads/Flyer/Flyer_Zehn_Gruende_fuer_RU.pdf

Evangelische Kirche der Pfalz:
https://www.religionsunterricht-pfalz.de/index.php?id=465#

Kurt Mikula:
https://www.mikula-kurt.net/unterricht/10-gr%C3%BCnde-f%C3%BCr-den-ru/

Lessing-Gymnasium Neu-Ulm:
http://www.lessing.schule.neu-ulm.de/index.php?option=com_content&view=article&id=88%3Azehn-gute-gruende&catid=17%3Areligion&Itemid=39

Religionsunterricht in der Schule. Ein Plädoyer des Deutschen Katecheten-Vereins (12 Thesen), 2009:
https://www.uni-regensburg.de/theologie/religionspaedagogik-didaktik/medien/rp-leitdokumente/sn_ruplaedoyer.pdf

Deutscher Katecheten-Verein: Zehn gute Gründe für den RU:
http://www.darum.info/fakten-zum-ru/

Universität Luzern: Gründe für einen schulischen Religionsunterricht:
https://www.unilu.ch/fakultaeten/tf/professuren/religionspaedagogik-katechetik/profil/gruende-fuer-einen-schulischen-religionsunterricht/

PTZ Stuttgart: Gute Gründe für Religionsunterricht:
http://www.schuldekanat.de/files/PDF/12gutegruendeRU.pdf

AMT FÜR KATECHESE UND RELIGIONSUNTERRICHT, Bozen:
http://www.ssp-prad.it/fileadmin/02_News/369808_flyer_zehngruende.pdf

Erzbischöfliches Ordinariat Freiburg / Evangelischer Oberkirchenrat Karlsruhe / Bischöfliches Ordinariat Rottenburg / Evangelischer Oberkirchenrat Stuttgart: Religionsunterricht in der Berufsausbildung: https://www.kirche-und-religionsunterricht.de/fileadmin/mediapool/gemeinden/E_okr_dezernat_2.1/Downloads/Flyer/Flyer_BRU_2013.pdf

Synoden-Beschluss „Der Religionsunterricht in der Schule" (1974) mit der Einleitung von Prof. Ludwig Volz: https://www.dbk.de/fileadmin/redaktion/Synoden/gemeinsame_Synode/band1/04_Religionsunterricht.pdf

Matthias Kamann: Religionsunterricht an Schulen ist richtig (Die Welt, 24.01.2009): https://www.welt.de/politik/article3082491/Religionsunterricht-an-Schulen-ist-richtig.html

5. Anhänge zu den Themen-Stichworten

GLAUBENSBEKENNTNISSE

JUDENTUM	CHRISTENTUM	ISLAM
✡	✝	
„Höre, Israel, der Herr ist unser Gott, der Herr allein! Und Du sollst den Herrn, deinen Gott, lieben von ganzem Herzen, von ganzer Seele und mit all Deiner Kraft." (Deuteronomium 6,4–5)	Ich glaube an Gott, den Vater, den Allmächtigen, den Schöpfer des Himmels und der Erde. Und an Jesus Christus, seinen eingeborenen Sohn, unsern Herrn, empfangen durch den Heiligen Geist, geboren von der Jungfrau Maria, gelitten unter Pontius Pilatus, gekreuzigt, gestorben und begraben, hinabgestiegen in das Reich des Todes, am dritten Tage auferstanden von den Toten, aufgefahren in den Himmel; er sitzt zur Rechten Gottes, des allmächtigen Vaters; von dort wird er kommen, zu richten die Lebenden und die Toten. Ich glaube an den Heiligen Geist, die heilige katholische (evangelisch: christliche) Kirche, Gemeinschaft der Heiligen, Vergebung der Sünden, Auferstehung der Toten und das ewige Leben. Amen. (Apostolisches Credo)	„Es gibt keinen Gott außer Gott und Mohammed ist der Gesandte Gottes."

🌍 DIE WELT-RELIGIONEN 🌍		
Drei Traditions-Ströme		
↙	↓	↘
Nahöstlich-prophetische Religionen	**Indisch-mystische Religionen**	**Fernöstlich-weisheitliche Religionen**
Judentum ✡ **Christentum** ✝ **Islam**	**Hinduismus** 🕉 **Buddhismus** ✵	**Chinesische Religion:** Konfuzianismus Daoismus ☯
✴ **Stammes-/Natur-Religionen** ☾ **(Afrika / Australien)**		

(nach H. Küng)

DIALOG DER RELIGIONEN
- Positionen -

Exklusivismus	Inklusivismus	Pluralismus
Beim *Exklusivismus* lasse ich keine andere Religion neben meiner eigenen gelten, ich schließe andere Wahrheiten aus. Es gibt also nur eine wahre Religion, einen wahren Glauben, nämlich meinen.	Beim *Inklusivismus* erkenne ich, dass die anderen Religionen sich möglicherweise mit ihren Ansichten meiner eigenen Sichtweise anschließen können. Meine Religion sehe ich aber den anderen überlegen.	Beim *Pluralismus* lasse ich jede andere Religion mit ihrer Glaubens-Wahrheit als gleichwertig neben der meinen stehen. Keine gilt als „besser" oder „wahrer". Alle vertreten die letzte Wahrheit auf ihre Weise.

Die „Goldene Regel" in den Weltreligionen

3ॐ **HINDUISMUS**	*Man sollte sich gegenüber anderen nicht in einer Weise benehmen, die für einen selbst unangenehm ist; das ist das Wesen der Moral.* Mahabharata XIII, 114,8
JAINISMUS	*Gleichgültig gegenüber weltlichen Dingen sollte der Mensch wandeln und alle Geschöpfe in der Welt behandeln, wie er selbst behandelt sein möchte.* Sutrakritanga I. 11,33
CHINA	*Was du selbst nicht wünschst, das tue auch nicht anderen Menschen an.* Konfuzius, Gespräche 15,23
BUDDHISMUS	*Ein Zustand, der nicht angenehm oder erfreulich für mich ist, soll es auch nicht für ihn sein; und ein Zustand, der nicht angenehm oder erfreulich für mich ist, wie kann ich ihn einem anderen zumuten?* Samyutta Nikaya V. 353.35 / 354.2
JUDENTUM	*Tue nicht anderen, was du nicht willst, dass sie dir tun.* Rabbi Hillel, Sabbat 31a
CHRISTENTUM	*Alles, was ihr wollt, dass euch die Menschen tun, das tut auch ihr ihnen ebenso.* Matthäus 7,12 / Lukas 6,31
ISLAM	*Keiner von euch ist ein Gläubiger, solange er nicht seinem Bruder wünscht, was er sich selber wünscht.* 40 Hadithe (Sprüche Muhammads) von an-Nawawi, 13

PROJEKT WELTETHOS

- Kein Zusammenleben auf unserem Globus ohne ein globales Ethos, ein "Weltethos"!
- Kein Frieden unter den Nationen ohne Frieden unter den Religionen!
- Kein Frieden unter den Religionen ohne Dialog zwischen den Religionen!
- Kein Dialog zwischen den Religionen und Kulturen ohne Grundlagenforschung!
- Kein globales Ethos ohne Bewusstseinswandel von Religiösen und Nicht-Religiösen!

Ziel einer weltweiten Verständigung zwischen den Religionen:

Keine Welteinheitsreligion und kein Religionencocktail. - Aber die Vielfalt der Religionen anerkennen und sie als wechselseitige Bereicherung verstehen.

Kein Religionsersatz durch ein Ethos. - Aber ein gemeinsames Menschheitsethos anstreben, das Religion nicht ablösen soll.

Ein Bemühen um den dringend erforderlichen Frieden zwischen Menschen sowohl aus den verschiedenen Religionen dieser Welt wie auch aus den verschiedenen nichtreligiösen Weltanschauungen.

nach Hans Küng: Projekt Weltethos, München 1990

Schwangerschaftsabbruch:
Rechtliche Hintergründe

Um das menschliche Leben zu schützen,
hat der Staat Gesetze zum Schwangerschaftsabbruch erlassen.

§218, 218a StGB (Strafgesetzbuch)
- grundsätzlich ist ein Schwangerschaftsabbruch
  ab der Einnistung der Eizelle strafbar.
- bestraft werden können die Schwangere und der Täter.

Der § 218a schränkt dieses Recht ein.
Unter folgenden Umständen ist ein Schwangerschaftsabbruch
<u>nicht</u> strafbar:
- wenn die Schwangere mindestens 3 Tage vor dem Abbruch
  nachweislich beraten wurde (Bescheinigung).
- wenn der Abbruch von einem Arzt vorgenommen wird.
- wenn seit der Empfängnis nicht mehr als
  12 Wochen vergangen sind.

Bei der **Beratung** zu berücksichtigen sind
- die Lebenssituation der Schwangeren.
- der Gesundheitszustand und eine mögliche Gefährdung.
  des Gesundheitszustandes der Schwangeren.

Abb.: https://pixabay.com/de/baby-kind-geburt-vertrauen-hand-1681181/

Wann beginnt menschliches Leben?

1	Verschmelzung von Ei- und Samenzelle (= Befruchtung)	bis zu 48 Stunden nach Sexualverkehr
2	Einnistung der befruchteten Eizelle in die Gebärmutter	5-6 Tage nach Sexualverkehr
3	Ausschluss der Zwillingsbildung	Etwa 14. Tag nach der Befruchtung
4	Ausbildung von Nervenverbindungen	nach ca. 5 Wochen
5	Ausbildung aller Organe und Gliedmaßen	nach 10-12 Wochen
6	Überlebensfähigkeit außerhalb der Mutter (Frühgeburt)	nach 5 Monaten
7	Geburt	Etwa 40 Wochen nach Befruchtung
8	Entwicklung von Selbstbewusstsein und freier Entscheidung	Kindheit / Jugend

Streit um das Lebensrecht

Lebens- recht des Kindes		• Minderjährigkeit der Mutter • Wirtschaftliche Probleme • Andere Lebens- planung der Mutter • Keine Partnerschaft bzw. Ehe der Eltern • Schwangerschaft durch „Seitensprung" • Abtreibungswunsch des Vaters • Kein Kinderwunsch • Schwangerschaft durch Vergewaltigung • Gefährdung der Gesundheit der Mutter • Krankheit oder Behinderung des Kindes

Abb.: https://pixabay.com/de/baby-kind-geburt-vertrauen-hand-1681181/ https://pixabay.com/de/baby-icon-schwangerschaft-schwanger-1295826/

WAS IST „ARBEIT"?

Der Begriff „Arbeit"	• Althochdeutsch: ar(a)beit »Mühe«, »Plage« • bewusstes, zielgerichtetes Handeln des Menschen • Zweck: Existenzsicherung u. Befriedigung von Bedürfnissen • wichtiges Element für ein erfülltes Leben Erlebnis der Gegensätze: Freude am Schaffen ⇔ Last, Zwänge Bereitschaft ⇔ Begrenzter Arbeitsmarkt usw.
Wandel der Arbeitswelt	Industrialisierung (seit ca. 1800): • zunehmende Arbeitsteilung • Steigerung des Arbeitstempos • Überblick über Zusammenhang des Arbeitsprozesses geht verloren • Gefahren der Monotonie und Ermüdung (einseitige Belastungen) Gegenwart (seit ca. 1970): • Forderung nach Humanisierung der Arbeit (= menschengerechte Gestaltung der Arbeitsplätze) • gleitende Arbeitszeit • Beteiligung der Arbeitnehmer (an Planung, Arbeitsablauf, Firmenkapital, Ertrag) • Leistungs- und Konkurrenzdruck • Globalisierung der Arbeitsprozesse Aktuell: • wieder Erhöhung der Wochen-Arbeitszeit • Verlängerung der Lebens-Arbeitszeit

Wandel der Bedeutung von Arbeit	1. Altertum:
	ausführende, körperliche Arbeit = unwürdig = für Sklaven
	geistige, wissenschaftl. Tätigkeit = wertvoll = für freie Menschen
	2. Altes Testament:
	Arbeit = Mühsal („im Schweiße deines Angesichtes")
	      = Pflicht für alle
	      = verdiente Ruhe am 7. Tag
	3. Reformation / Martin Luther (16. Jahrhundert):
	    Arbeit = Dienst am Mitmenschen = Gottesdienst

MENSCH UND ARBEIT

5. Mitmachen bei der Gestaltung einer besseren Zukunft für alle:

Erfüllung des Schöpfungs-Auftrages: „die Erde bebauen und bewahren" (Genesis 2,15)

↗

4. Dienst am Mitmenschen und der Gesellschaft:

- Soziale Verantwortung
- Nächstenliebe

↗

3. Gemeinschaft erleben:

Kontakt mit Kollegen und Kunden

↗

2. Selbstverwirklichung:

- Horizont erweitern
- Verantwortung übernehmen
- Selbstbewusstsein gewinnen

↗

1. Sicherung des Lebens-Unterhalts:

Geld verdienen

ICH	MITMENSCHEN	SINN

FREIHEIT (1)

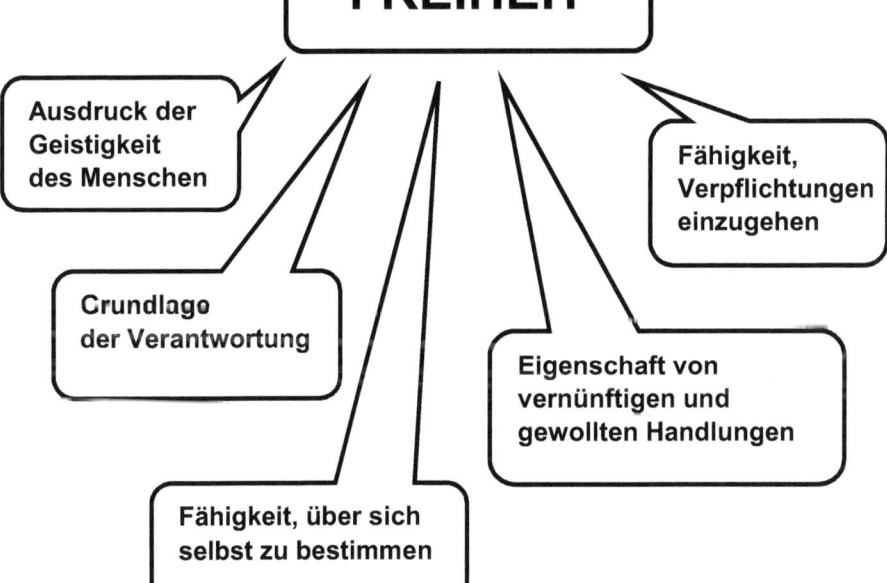

FREIHEIT

Ausdruck der Geistigkeit des Menschen

Fähigkeit, Verpflichtungen einzugehen

Crundlage der Verantwortung

Eigenschaft von vernünftigen und gewollten Handlungen

Fähigkeit, über sich selbst zu bestimmen

nach H. Zagal/J.Galindo, Ethik für junge Menschen, Reclam 18093, Stuttgart 2000
https://pixabay.com/de/photos/freiheitsstatue-new-york-359341/

FREIHEIT (2)

WIR VOLLZIEHEN FREIHEIT AUF DREI EBENEN:

1. EBENE

HABEN

Kaufe ich mir
einen Audi
oder einen
Porsche?
usw.

2. EBENE

TUN

Gehe ich ins
Kino oder in
die Disco?
usw.

3. EBENE

SEIN

Wie will ich sein?
- freundlich
- aggressiv
- treu
- zuverlässig
- abwartend
- höflich
- mutig usw.

Vgl: H. Zagal/J.Galindo, Ethik für junge Menschen,
Reclam 18093, Stuttgart 2000
Abb.: https://pixabay.com/de/photos/freiheitsstatue-new-york-359341/

FREIHEIT (3)

EINSCHRÄNKUNGEN DER FREIHEIT

VON INNEN			VON AUSSEN
• Angst • Hass • Eifersucht • Wut • Unwissenheit • Drogen • Hemmungen • Unfähigkeit • • •	→ → →	← ← ←	• Befehle • Gesetze • Unterdrückung • Gewalt • Drohung • Diskriminierung • Vorurteile • •

Maßstäbe von Gerechtigkeit

1	2	3
Jedem das Gleiche	Jedem nach seiner Leistung	Jedem nach seinen Bedürfnissen

Eine Definition:

Gerechtigkeit ist der Versuch, jedermann fair und moralisch angemessen zu behandeln.

https://pixabay.com/de/photos/justitia-g%C3%B6ttin-2597016/

GERECHTIGKEIT		
Einsicht		**Folgerung**
Gerechtigkeit ist gefordert bei der Verteilung knapper Güter. Sie steht im Gegensatz zum „Recht des Stärkeren".	→	Gerechtigkeit ist angewiesen auf: - *Maßstäbe*, die jeder einsehen kann - *Bereitschaft* zu gerechtem Handeln
Der Maßstab für Gerechtigkeit ist nicht einfach das Prinzip der Gleichheit. Sie muss beachten: - natürliche Vorgaben - vernünftige Überlegung - Menschenwürde	→	Eine gerechte Entscheidung berücksichtigt die *konkrete Situation* jedes Beteiligten.
Gerechtigkeit ist die *Tugend* des Stärkeren. Er nimmt dabei Rücksicht auf das Gesetz und Regeln der Fairness.	→	Wer gerecht handeln will, verzichtet bewusst auf seine Macht und auf eigene Vorteile.
Gerechtigkeit beachtet die *sachlichen*, statt die *persönlichen* Interessen. Sympathien, Hautfarbe, Geschlecht, Herkunft usw. dürfen keine Rolle spielen.	→	Gerechtes Handeln orientiert sich *je nach Situation* an den Prinzipien der Gleichheit, der Leistung oder der Bedürfnisse.

RJ nach R. Geisen: Grundwissen Ethik, Stuttgart 1995

DAS GEWISSEN

1.
Im Gewissen geht es um die
Verantwortung des eigenen Handelns
gegenüber
- der eigenen Person
- anderen Personen
- der Gemeinschaft
- der Natur
- Gott

2.
Das Gewissen
- bezieht sich auf die Vernunft
- orientiert sich an der realen Situation
- ist die letzte Instanz meiner Verantwortung

Falsch ist daher: „Das muss jeder mit sich selber ausmachen."

3.
Die Erfahrung des Gewissens kann weder durch Veranlagung,
Erziehung oder Gesellschaft umfassend erklärt werden.
Sein Anspruch ist absolut, gilt also ohne jede Bedingung.

Wenn ich sage ...

„*Das kann ich mit meinem Gewissen nicht vereinbaren!*"

... stellt sich die Frage:

Woran orientiert sich mein Gewissen?

LEITFRAGEN:
Was ist für mich wichtig?
Welche Werte vertrete ich?
Wofür setze ich mich ein?
Was kann ich tolerieren, was nicht?
Was erwarte ich von mir?
Was dürfen andere von mir erwarten?
Wer möchte ich (für mich) sein?
usw.

GEWISSENS-ORIENTIERUNG

SELBST-BESTIMMT			**PRINZIP** * Menschenrechte * Kategorischer Imperativ (Kant) * Allgemeine
FREMD-BESTIMMT		**ANDERE** * Eltern * Freunde * Allgemeinheit * Vorgesetzte * Vorbilder * Gesetz usw.	Werte - Ehrlichkeit - Treue - Gerechtigkeit - Toleranz usw. * Religiöse Gebote - Dekalog (= 10 Gebote) - Bergpredigt - Goldene Regel usw.
	ICH * Lust * Laune * Bedürfnis * Interesse * Gefühl * Trieb usw.		
	EGOISMUS	**ANPASSUNG**	**MÜNDIGKEIT**

GEWISSEN	← Was bestimmt mein Denken und Handeln? ← Woran halte ich mich? ← Wann handele ich verantwortlich? usw.

Wortbedeutung: *„glauben"*

Biblisch (hebräisch)

= sich auf etwas verlassen

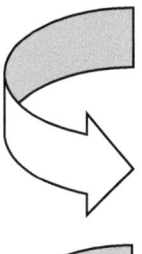

Biblisch (griechisch)

= Treue, Trauen, Vertrauen

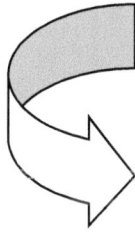

Lateinisch >credere<

= sein Herz auf etwas
setzen,
sich anvertrauen

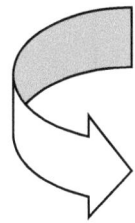

Deutsch

= für lieb halten, gutheißen

verwandt mit: loben,

EBENEN DES GLAUBENS

EXISTENZ-GLAUBE
**Glaube an die eigene Person
Verlässlichkeit der eigenen Wahrnehmungen
Tiefenwahrnehmung von unbedingter Verpflichtung
bzw. letzter Gewissheit
Erfahrungen von Sinnsuche
usw.**

TRANSZENDENZ-GLAUBE
**Glaube an Zukunft, Freundschaft, Liebe, Treue
Allgemeiner Glaube an Gott, Göttliches,
Jenseits
usw.**

KONFESSIONS-GLAUBE
**Konkrete Form von
Religiosität / Spiritualität:
evangelisch
katholisch
muslimisch
usw.**

nach: Martin Lechner, Brenn-Punkte. Religionssensible Erziehung in der Praxis, Don Bosco, München 2011

158

KLASSISCHE MODELLE DER REDE VON GOTT

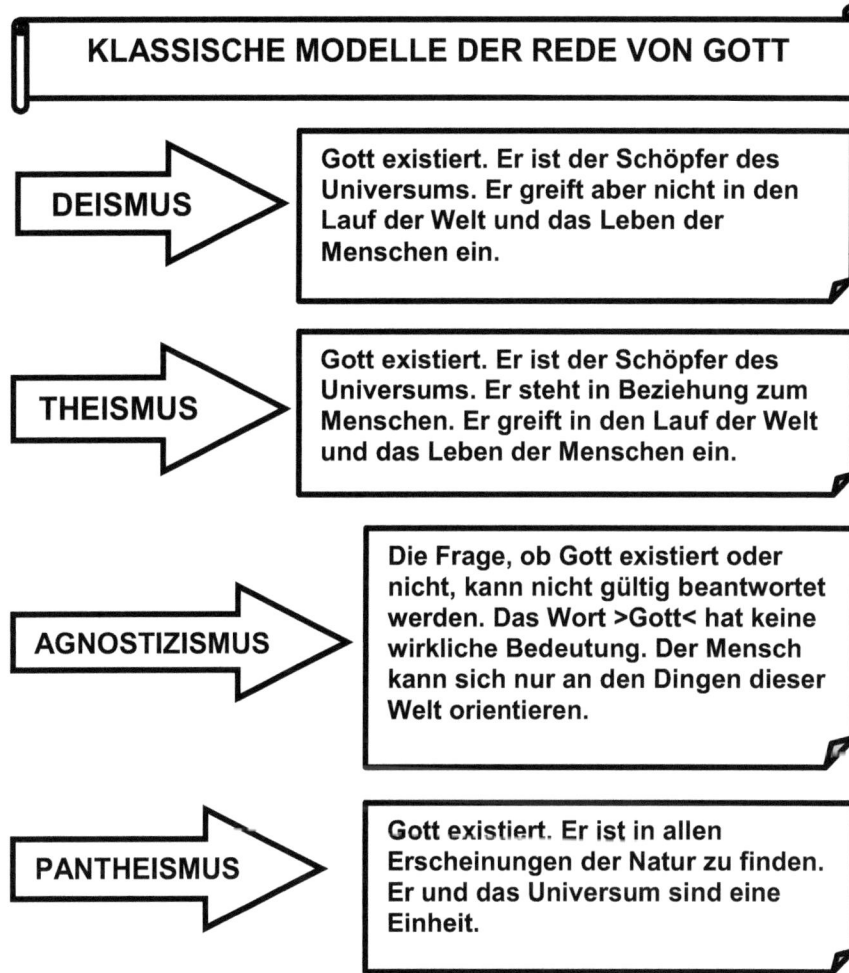

DEISMUS

Gott existiert. Er ist der Schöpfer des Universums. Er greift aber nicht in den Lauf der Welt und das Leben der Menschen ein.

THEISMUS

Gott existiert. Er ist der Schöpfer des Universums. Er steht in Beziehung zum Menschen. Er greift in den Lauf der Welt und das Leben der Menschen ein.

AGNOSTIZISMUS

Die Frage, ob Gott existiert oder nicht, kann nicht gültig beantwortet werden. Das Wort >Gott< hat keine wirkliche Bedeutung. Der Mensch kann sich nur an den Dingen dieser Welt orientieren.

PANTHEISMUS

Gott existiert. Er ist in allen Erscheinungen der Natur zu finden. Er und das Universum sind eine Einheit.

ATHEISMUS

Es existiert kein Gott. Es gibt nichts über diese Welt hinaus. Der Mensch kann sich nur an den Dingen dieser Welt orientieren.

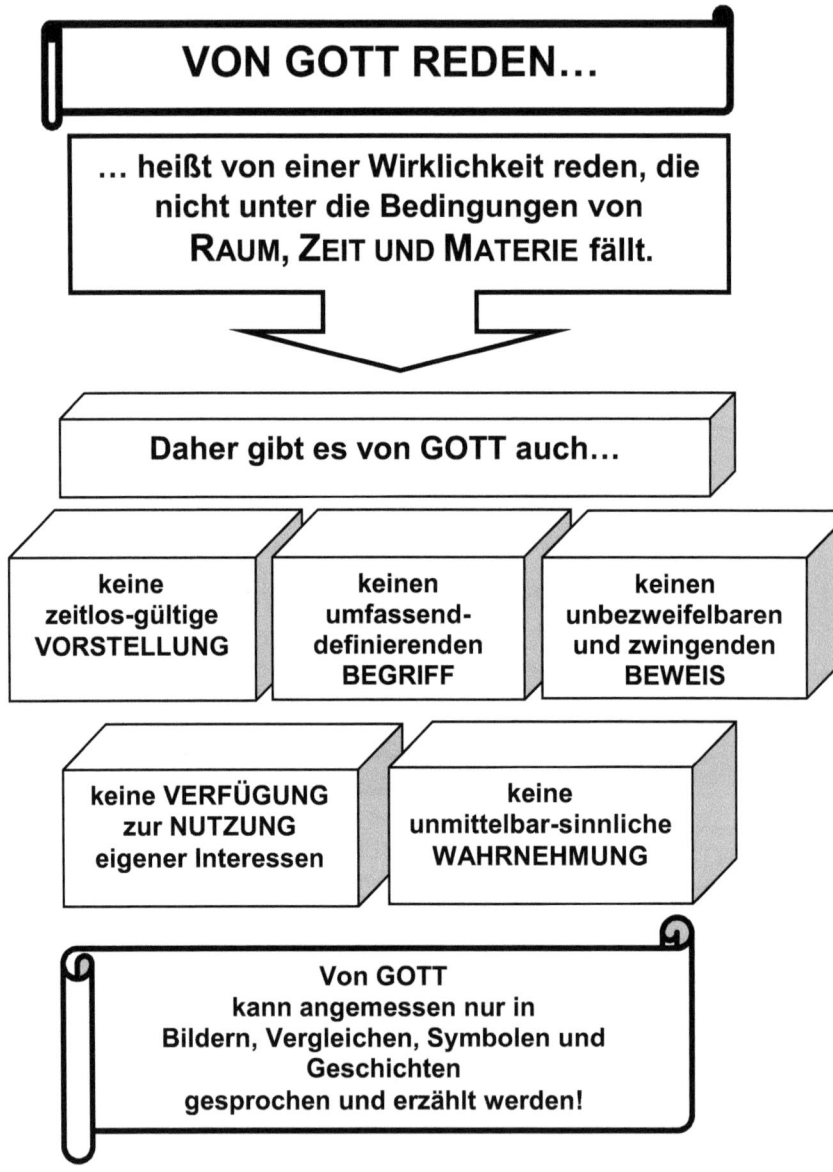

VON GOTT REDEN...

... heißt von einer Wirklichkeit reden, die nicht unter die Bedingungen von RAUM, ZEIT UND MATERIE fällt.

Daher gibt es von GOTT auch...

keine zeitlos-gültige VORSTELLUNG

keinen umfassend-definierenden BEGRIFF

keinen unbezweifelbaren und zwingenden BEWEIS

keine VERFÜGUNG zur NUTZUNG eigener Interessen

keine unmittelbar-sinnliche WAHRNEHMUNG

Von GOTT kann angemessen nur in Bildern, Vergleichen, Symbolen und Geschichten gesprochen und erzählt werden!

Argumente für Gott

1. Argument:
Gott ist das Größte, was von Menschen gedacht werden kann. Dieses Größte schließt alles ein. Dazu gehört auch, dass es real existieren muss. Denn wäre es nur als vollkommen *gedacht*, also nur in unserer Vorstellung, so wäre es nicht vollkommen, da ihm die reale Existenz fehlen würde. Ein unvollkommenes Wesen wäre aber nicht das größte, das wir uns denken können. Da wir die Idee „Gott" besitzen und damit das höchste Wesen meinen, muss es folglich auch existieren.

2. Argument:
Alles, was in dieser Welt existiert, lässt sich auf eine Ursache zurückführen. Die gesamte Welt muss also auch ihrerseits eine Ursache haben, einen Urheber, der alles in Bewegung gesetzt hat. Dieser Urheber oder Schöpfer der Welt, der seinerseits keine Ursache hat, ist Gott. Wäre auch Gott verursacht, also nur ein „Produkt", so bliebe die Ursachenkette endlos, ohne Grund und Sinn.

3. Argument:
Was wir allgemein als gut und wichtig ansehen (das Schöne, die Wahrheit usw.) ist immer nur in unvollkommener Form anzutreffen, stets nur teilweise realisiert. Unsere Vorstellung davon geht jedoch vom vollkommenen Ideal aus, nicht von der verstümmelten Realität. Würden wir im Denken nicht „oben" ansetzen, also bei der Vollkommenheit, so wüssten wir gar nicht, in welche Richtung wir die Realität vorantreiben sollten. Die Idee des Vollkommenen stammt jedoch nicht von uns selbst. Wir haben sie nicht entworfen, sondern in uns vorgefunden. Der Ursprung und das Ziel dieser Vollkommenheit ist Gott. Ohne ihn blieben diese Ideale grundlos.

4. Argument:
Vor allem in der Natur laufen viele Prozesse ganz offensichtlich zielgerichtet ab. Es gibt eine Ordnung der Dinge, die wir auch als Naturgesetz bezeichnen: von den Regeln der Zellteilung bis hin zu den berechenbaren Bahnen der Planeten. Die Kräfte, die ordnend und zweckmäßig auf die Materie einwirken, kommen nicht von ungefähr. Sie können ihrerseits kein blindes Zufallsprodukt sein. Jede Ordnung belegt durch ihr Dasein und ihr Funktionieren eine im Hintergrund stehende Vernunft. Die Ordnung dieser Welt weist zweifelsfrei auf eine schöpferische Vernunft hin, die wir Gott nennen.

WAS IST DER MENSCH?
(Anthropologie)

BIOLOGIE
CHEMIE
PHYSIK
MEDIZIN

SOZIOLOGIE
POLITIK

GESCHICHTE
ARCHÄOLOGIE

RELIGION
THEOLOGIE

PHILOSOPHIE

PSYCHOLOGIE
VERHALTENS-
FORSCHUNG
PÄDAGOGIK

MYTHOS

LITERATUR
KUNST

VÖLKERKUNDE

Wie die Bibel den Menschen sieht

Der Mensch...

- ist kein Zufallsprodukt der Natur. Er hat einen benennbaren Ursprung.
Gott wollte, dass es ihn gibt.
- besteht aus den gleichen Elementen wie alle anderen Lebewesen.
Er ist also ein Teil der Natur und mit allen anderen Lebensformen verbunden.
Dennoch ist der Mensch mehr als nur ein „nackter sprechender Affe".

- lebt als Mann und Frau in gleichberechtigter Gemeinschaft.
Nur in Ergänzung durch das andere Du kann der Einzelne wirklich Mensch werden.
- trägt aufgrund seiner besonderen Begabung (Vernunft, Sprache)
eine umfassende Verantwortung für sein Tun und Lassen, die Gemeinschaft und die Natur.
- vertritt als „Abbild/Ebenbild" den unsichtbaren Gott in dieser Welt, die er „bebauen und hüten" soll.
- ist ausgezeichnet durch eine besondere „Würde", die ihn von allen anderen Lebewesen unterscheidet, und seine radikale Vergänglichkeit, die ihn wiederum mit allem Lebendigen verbindet. Er ist einerseits ein (besonderes) Tier, andererseits nur „wenig geringer als Gott".
- führt sein Leben in Mühsal, Unsicherheit und stets neuer Verfehlung.
- lebt in der Nähe Gottes. Allein aus dieser Orientierung auf den Schöpfer, der letztlich „alles umschließt", ergibt sich für den Menschen ein Lebenssinn und eine Erfüllung.

163

ZUM BEGRIFF „MENSCHENWÜRDE"

Der Begriff „Menschenwürde" lässt sich unterschiedlich beschreiben:			
↓	↓	↓	↓
„große" Menschen-würde	„kleine" Menschen-würde	„mittlere" Menschen-würde	„ökonomische" Menschen-würde
Eine nichtkörperliche, innere, im Kern unveränderliche, notwendige und allgemeine Eigenschaft des Menschen. Erste Ansätze bei Cicero (106-43 v.Chr.) Kurz: Selbst-bestimmung über die eigenen Belange	Nicht-körperliche, äußere, veränderliche Eigenschaft der wesentlichen sozialen Stellung und Leistung eines Menschen. Bezogen auf eine herausgehobene soziale Position (lat.: dignitas).	Bezieht sich auf die äußere Eigenschaft der wesentlichen sozialen Stellung der Menschen, betont aber die natürliche und damit im Prinzip unveränderliche Gleichheit dieser sozialen Stellung aller Menschen.	Forderung eines „menschen-würdigen Daseins" für alle: die Verwirklichung ökonomischer bzw. materieller Voraus-setzungen der Menschen-würde.

„Alle vier Teilbegriffe der Menschenwürde haben eine Gemeinsamkeit: Es handelt sich jeweils um eine Bezugnahme auf eine nichtkörperliche Eigenschaft des Menschen. Auf dieser Gemeinsamkeit bauen dann die erwähnten Unterschiede auf." (Dietmar von der Pfordten: Menschenwürde, München 2016, 9f)
Abb.: https://pixabay.com/de/weltkarte-menschen-gruppe-1005413/

	MENSCHENWÜRDE ✳✳✳ MENSCHENRECHTE
MENSCHENWÜRDE	• Die Gesamtheit aller Werte, die allen Menschen, unabhängig von Herkunft, Entwicklungsstand, Bildung, Besitz usw. zu eigen sind. • Grund aller Rechtsordnungen, mit denen die aus der Menschenwürde sich ergebenden Menschenrechte geschützt u. garantiert werden. • Das Grundgesetz erklärt die Würde des Menschen für unantastbar (Art. 1 GG). Damit ist gemeint: Kein Mensch darf wie eine Sache behandelt, vollständig entrechtet, unmenschlichen und erniedrigenden Strafen und Behandlungsweisen ausgesetzt, gefoltert oder als so genanntes lebensunwertes Leben vernichtet werden. • Von der Gottebenbildlichkeit jedes Menschen ausgehend, ist nach christlichem Verständnis die Menschenwürde jedem Menschen von Gott selbst gegeben und niemand ist berechtigt, sie irgendeinem Menschen abzusprechen. • Letztlich bleibt die Menschenwürde als unantastbares Menschenrecht nur garantiert, wenn sie durch eine dem menschlichen Zugriff entzogene Instanz, also letztlich Gott, sicher gestellt wird.
MENSCHEN-RECHTE	• Die angeborenen unveräußerlichen Rechte eines jeden Menschen, die die moralische und rechtliche Basis der Menschheit bilden. • Sie sind vor- und überstaatlich, d.h. höhergestellt als die Rechte des Staates. • Sie können daher auch nicht von diesem verliehen, sondern nur als solche anerkannt werden.

„Kränkungen" des Menschen in seinem Selbstbild			
Art der Kränkung	**Bedeutung**	**Durch**	**Wann?**
0	Existenziell	Ich bin ein eigener Teil der Welt, kein Teil der Mutter	Eigene Erfahrung	Frühe Kindheit
1	Kosmologisch	Wir sind nicht der Mittelpunkt des Kosmos	Kopernikus	1543
2	Biologisch	Wir stammen aus dem Tierreich	Darwin	1859
3	Psychologisch	Wir verfügen nur über einen Teil unseres Geistes („...sind nicht Herr im eigenen Haus.")	Freud	1895
4	Ethologisch (Verhaltens-forschung)	Unser Verhalten hat stammesgeschichtliche Wurzeln	Heinroth	Beginn 20. Jh.
5	Erkenntnis-theoretisch	Unsere Erkenntnisfähigkeit dient zuerst dem biologischen Überleben	Lorenz	Nach 1972
6	Sozio-biologisch	Auch unser moralisches Verhalten hat genetisch-vererbte Grundlagen (Gen-Egoismus)	Wilson	
7	Computer-modell	Maschinen können, was wir können. Und sie können es teilweise besser.	Künstliche Intelligenz	
8	Geo-chronologisch	Unsere „Welt" ist nicht nur die Erde, sondern der unermessliche Kosmos.	Hutton Lyell	1780 1830
9	Ökologisch	Unserem Umgang mit der Natur (Rohstoffe, Energie) sind Grenzen gesetzt. Wir sind Teil des Öko-Systems.	Dennis Meadows: „Grenzen des Wachstums"	Seit 1972
10	Neuro-biologisch	Unser Geist ist durch unser Gehirn geprägt. (Identität? Freier Wille?)		Heute

Frei nach: Bibliographisches Institut & F. A. Brockhaus AG (verändert, RJ)

WAS IST EIN
MYTHOS?

➔ Eine Erzählung, die die Tatsachen des Lebens und der Natur nach dem Augenschein erklärt

➔ Erzählt vom Handeln und Wirken der Götter

➔ Handelt in einer nicht-historischen Urzeit

➔ Deutung der Welt und ihrer Zusammenhänge

➔ Sprache: anschauliche Bilder und Symbole

➔ Schafft Sinn und Orientierung für die Welt und das menschliche Leben (Weltbild / Menschenbild)

➔ Bereiche mythischer Sprache: Gedichte, Lieder, Sagen, Legenden, Märchen, Kunst, Musik, Religion

➔ Gegensatz zum Mythos ist der Logos:
= begriffliche, erklärende, belehrende Rede
= Basis: das Erforschte, Berechnete
= Sprache: Begriff, Argument
= führt zur Erkenntnis (Wissenschaft)

➔ Erst Mythos und Logos gemeinsam erschließen uns die gesamte Wirklichkeit!

WAS IST WISSENSCHAFT?

GEGENSTAND	• Die gesamte messbare Wirklichkeit
ZIEL	• Analyse, Beschreibung und technische Nutzung dieser Wirklichkeit
METHODE	Beobachtung / Sammlung von Daten ↓ Induktion ↓ Hypothese ↓ Experiment ↙ ↘ Falsifizierung Verifizierung ↙ Naturgesetz ↓ Deduktion ↓ Theorie /Deutung
KENNZEICHEN	Wissenschaft = Bemühung um Erkenntnis der Wirklichkeit ♦ methodisch geordnet ♦ kontrollierbar ♦ gegen Irrtum gesichert ♦ dem Gegenstand angemessenes logisches Vorgehen ♦ kritische Beobachtung ♦ strenge Sachlichkeit ♦ Beweisbarkeit

WISSENSCHAFT UND LEBENSWELT

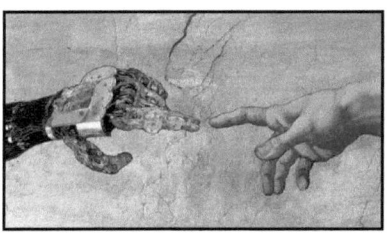

NATURWISSENSCHAFT	LEBENSWELT
↓	↓
Beobachter-Perspektive	**Betroffenen-Perspektive**
↓	↓
Nachprüfbares Wissen: Physik Chemie Biologie usw.	Subjektive Erfahrungen u. Überzeugungen: Glaube Freundschaft Liebe Tod Schuld usw.
↘	↙
LEBENSBEWÄLTIGUNG	

Abb: http://www.tedxvienna.at/blog/science-clip-wissenschaft-einmal-anders/

WAS IST RELIGION?

⬇

SIE GIBT ANTWORTEN AUF LEBENS-FRAGEN:
WOHER? WOHIN? WOZU?

**DEUTUNG
DES LEBENS**

- Wer bin ich?
- Was ist der Mensch?
- Woher kommt die Welt?
- Was ist nach dem Tod?
- Welchen Sinn hat
  das Leben?
  usw.

**GESTALTUNG
DES LEBENS**

- Was ist gerecht?
- Wie handele ich richtig?
- Woran kann ich mich
  orientieren?
- Wofür bin ich
  verantwortlich?
- Welche Bedeutung hat
  das Gewissen?
  usw.

*„Eine Religion stellt ihren Anhängern einen Orientierungs-
und Verständnisrahmen für die Welt zur Verfügung.
Sie erklärt ihnen nicht nur, wie sie die Welt verstehen können,
sondern auch, welchen Platz sie in ihr haben
und wie sie in ihr handeln sollen."*
(Encarta)

RELIGIONSFREIHEIT (1)

Allgemeine Erklärung der Menschenrechte (1948)	**Artikel 18** Jeder hat das Recht auf Gedanken-, Gewissens- und Religionsfreiheit; dieses Recht schließt die Freiheit ein, seine Religion oder seine Weltanschauung zu wechseln, sowie die Freiheit, seine Religion oder seine Weltanschauung allein oder in Gemeinschaft mit anderen, öffentlich oder privat durch Lehre, Ausübung, Gottesdienst und Kulthandlungen zu bekennen.
Grundgesetz der Bundesrepublik Deutschland (1949)	**Artikel 4** (1) Die Freiheit des Glaubens, des Gewissens und die Freiheit des religiösen und weltanschaulichen Bekenntnisses sind unverletzlich. (2) Die ungestörte Religionsausübung wird gewährleistet.

RELIGIONSFREIHEIT (2)

Positive Religionsfreiheit	Negative Religionsfreiheit
Recht auf... • Gründung einer Religionsgemeinschaft • Beitritt zu einer Religionsgemeinschaft und Teilnahme an ihren Feiern, Ritualen usw. • öffentliches Eintreten für das eigene religiöse Bekenntnis • Ablegung von Eidesformeln in religiös-bekennender Form	**Recht auf...** ❖ Verlassen einer Religionsgemeinschaft ❖ Nichtteilnahme an religiösen Feiern usw. ❖ Verweigerung der Auskunft über eigene religiöse / weltanschauliche Überzeugung ❖ Ablegung von Eidesformeln in neutraler Form

Religionsfreiheit ist ein elementares Grund- und Menschenrecht! Daraus folgen:

- **Freiheit von Glaube und Bekenntnis**
- **Ungestörte Religions-Ausübung**
- **Verbot einer Staatskirche**
- **Verbot der Benachteiligung oder Bevorzugung aufgrund des religiösen / weltanschaulichen Bekenntnisses**

STERBEHILFE: Was sagt das Gesetz?

Aktive Sterbehilfe	**Aktive Sterbehilfe** ist in Deutschland strafbar. Wer jemanden auf dessen eigenen Wunsch hin tötet, wird wegen Tötung auf Verlangen mit bis zu fünf Jahren Haft bestraft.
StGB § 216 (Tötung auf Verlangen):	*(1) Ist jemand durch das ausdrückliche und ernstliche Verlangen des Getöteten zur Tötung bestimmt worden, so ist auf Freiheitsstrafe von sechs Monaten bis zu fünf Jahren zu erkennen.* *(2) Der Versuch ist strafbar.*
Passive Sterbehilfe	**Passive Sterbehilfe** nennt man den Abbruch lebenserhaltender Maßnahmen. Zulässig ist dies, wenn der Patient bereits im Sterben liegt und der Abbruch seinem mutmaßlichen Willen oder seiner „Patientenverfügung" entspricht. Bei Zweifeln müssen sich die Ärzte für das Leben entscheiden.
Indirekte Sterbehilfe	**Indirekte Sterbehilfe** ist die Verabreichung starker Schmerzmittel, die durch ihre Wirkung auf geschwächte Organe das Leben auch verkürzen können. Dies ist nicht strafbar, wenn es dem Willen des Patienten entspricht, weil damit ein Tod in Würde ermöglicht wird.
Beihilfe zum Suizid	Die **Beihilfe zum Suizid** ist grundsätzlich nicht strafbar. Damit ist es erlaubt, einem Lebensmüden die tödliche Dosis bereitzustellen. Allerdings wäre ein anwesender Sterbehelfer zur Rettung des Patienten verpflichtet. Er würde sich wegen unterlassener Hilfeleistung strafbar machen, wenn er keinen Notarzt ruft, sobald der Patient die tödliche Dosis eingenommen hat.
Patienten-verfügung	Eine „**Patientenverfügung**" treffen Menschen für die Fälle, in denen es ihnen nicht mehr möglich ist, Wünsche für eine Behandlung zu äußern. In einer solchen Willenserklärung kann zum Beispiel untersagt werden, künstliche Ernährung oder Beatmung weiterzuführen. In Deutschland haben mehrere Millionen Menschen eine Patientenverfügung verfasst.

STERBEHILFE (EUTHANASIE)		
HILFE ZUM STERBEN	← →	**HILFE BEIM STERBEN**
= das Töten oder Sterben-lassen eines sterbenden, schwer kranken oder leidenden Menschen aufgrund seines eigenen, ausdrücklichen oder mutmaßlichen Verlangens		= alle medizinische, pflegerische und seelsorgliche Hilfe für einen Sterbenden

FORMEN DER STERBEHILFE		
AKTIVE STERBEHILFE	**PASSIVE STERBEHILFE**	**INDIREKTE STERBEHILFE**
Bewusstes, aktives (ärztliches) Eingreifen zur Beendigung des Lebens – auf Wunsch des Patienten.	Unterlassung oder Nichtfortsetzung von lebensverlängernden Maßnahmen durch den Arzt: z. B. das Absetzen von lebenswichtigen Medikamenten oder den Verzicht auf künstliche Ernährung.	Durch das Verab-reichen von starken Schmerz-mitteln wird der Tod des Patienten als mögliche Folge in Kauf genommen, aber nicht bezweckt.
= gesetzlich verboten.	= gesetzlich erlaubt	= gesetzlich erlaubt
§ 216 STGB		

TOD - WAS KOMMT DANN?

Wir leben unser Leben ...	... aber es endet einmal... !	Was kommt dann?		Was bleibt dann?
		→	Nichts. Mit dem Tod ist alles vorbei!		Nur die Erinnerung an mich
		→	Der Tod ist der Übergang in eine andere Form des Daseins!		Meine Person und meine Lebens-geschichte
		→	Nach dem Tod kommt eine neue Geburt!		Meine Seele in einem neuen Körper

GRÜNDE FÜR DEN GLAUBEN AN EIN LEBEN NACH DEM TOD

SINN

Wenn das Leben mit dem Tod endgültig vorbei ist, bleibt unklar, welchen Sinn unser Dasein haben soll. Alle menschlichen Mühen und Leiden enden dann ohne Ziel und Sinn.

Ohne eine Sinn-Perspektive kann aber niemand leben. Und das, was dem Leben Sinn gibt, soll mit dem Tod nicht wieder ausgelöscht werden, sondern darüber hinaus Bestand haben. Darum glauben Christen, dass der Sinn des Ganzen nach dem Tod erkennbar wird und sich damit unser Leben vollendet.

GERECHTIGKEIT

Das Leben in dieser Welt verläuft und endet oft ungerecht. Wenn unser Streben nach Gerechtigkeit niemals zum Ziel gelangt, bleibt unser Bemühen letztlich ohne Sinn. Darum glauben Christen an eine Erfüllung dieser Hoffnung im Jenseits.

LIEBE

Wirkliche Liebe will dauerhaft bestehen. Die Liebe zu einem anderen Menschen kann auch der Tod nicht wirklich zerstören. Alle Liebenden hoffen auf eine bleibende Gemeinschaft auch nach dem jetzigen Leben. Ein endgültiges Verschwinden eines geliebten Menschen bleibt unerträglich. Darum glauben Christen daran, dass auch der Tod nicht das Ende der Liebe ist.

TODESSTRAFE

Die Todesstrafe ist die gesetzlich
vorgesehene Tötung eines Menschen
als Strafe für ein Verbrechen,
dessen er für schuldig befunden wurde.
Ihr geht in der Regel
ein Gerichtsverfahren voraus,
das mit einem amtlichen Todesurteil endet.
Dieses wird dann durch die Hinrichtung
vollstreckt.
Das gesamte Verfahren kann nur durch dazu
bevollmächtigte Vertreter und Behörden eines
Staates vollzogen werden.

(wikipedia)

WENN DER STAAT STRAFT

WARUM?	WOZU?	GRUNDSATZ	TODESSTRAFE?
Ziel: Ordnung und Frieden in der Gemeinschaft	**Straf-Zwecke:** Vergeltung Besserung Abschreckung Schutz	**Staatliche Strafen müssen:** ▪ dem Gesetz entsprechen (GG, StGB usw.) ▪ moralisch vertretbar sein	● **Widerspruch zum Grundgesetz:** - Die Würde des Menschen ist unantastbar. (Art. 1) - Jeder hat das Recht auf Leben und körperliche Unversehrtheit. (Art. 2) - Die Todesstrafe ist abgeschafft. (Art. 102)
Mittel: Rechtsordnung = Gesetze und Strafen		**Basis:** Menschen-würde Menschen rechte	● **Widerspruch zur Allgemeinen Erklärung der Menschenrechte:** - Jeder hat das Recht auf Leben, Freiheit und Sicherheit der Person. (Art. 3) - Niemand darf der Folter oder grausamer, unmenschlicher oder erniedrigender Behandlung oder Strafe unterworfen werden. (Art. 5)

● **Widerspruch zu Grundsätzen der EU:** Die Todesstrafe ist abgeschafft. Niemand darf zu dieser Strafe verurteilt oder hingerichtet werden. (EMRK) |

VERANTWORTUNG

Wer ist wem gegenüber für wen oder was in welchem Sinne verantwortlich?

⬇   ⬇   ⬇   ⬇

| Träger | Instanz | Gegenstand | Kriterium |

Allgemein gilt:

- Verantwortung = Übernahme einer Verpflichtung
- Rechenschaft ablegen über eigenes Handeln, die Mittel und die Folgen
- Instanz der Verantwortung können sein:
  a) die eigene Person (z. B. Gesundheit, Gewissen)
  b) andere Personen
  c) die Gemeinschaft (z. B. Familie, Betrieb, Freunde, Staat, Menschheit)
  d) kommende Generationen
- Voraussetzungen:
  1. Freiheit von äußerer Bedrohung, von inneren Zwängen und unverschuldeter Unwissenheit
  2. Reale Einflussmöglichkeit auf den Gegenstand der Verantwortung
- Nicht immer geht der Verantwortung ein bewusster Akt der freiwilligen Übernahme voraus.
  Manchmal fordert eine Situation ein verantwortliches Handeln.
- Verantwortung kann auch stellvertretend übernommen werden.

WUNDERVERSTÄNDNIS

	früher	heute
Außerordentlichkeit	▪	■
Gotteserfahrung	■	▪

ANTIKE	HEUTE

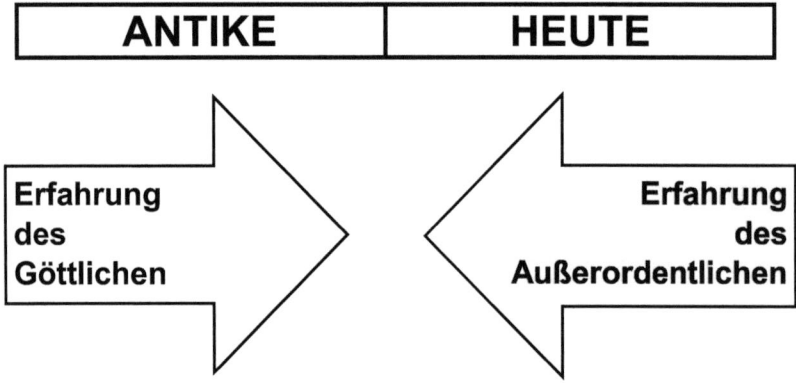

Erfahrung des Göttlichen	Erfahrung des Außerordentlichen

Wunderverständnis heute:

**Außerordentliches Ereignis
Durchbrechung von Naturgesetzen
Keine wissenschaftliche Erklärung**

nach Alfons Weiser: Zentrale Themen des Neuen Testamentes, Auer, Donauwörth 1978, 29ff; ders.: Was die Bibel Wunder nennt, KBW, Stuttgart 1988

Der Dekalog / Die Zehn Gebote

TAFEL I

1. Neben mir gibt es für dich keine anderen Götter!

2. Fertige dir kein Gottesbild an! Missbrauche nicht den Namen Gottes!

3. Vergiss nicht den Tag der Ruhe!

TAFEL II

4. Ehre Vater und Mutter!
5. Morde nicht!
6. Zerstöre keine Ehe!
7. Beraube niemand seiner Freiheit und seines Eigentums!
8. Sage nichts Unwahres über deinen Mitmenschen!
9. / 10. Suche nichts an dich zu bringen, was einem anderen gehört!

Zielrichtung:

Besonderheit der Gottesbeziehung	Achtung vor dem Leben und der Würde des Mitmenschen

Die Gebote im Koran (Auszug aus Sure 17) (Ü: Rudi Paret)

22 Setz nicht (dem einen) Gott einen anderen Gott zur Seite, damit du (schließlich) nicht getadelt und verlassen dasitzt! 23 Und dein Herr hat bestimmt, dass ihr ihm allein dienen sollt. Und zu den Eltern (sollst du) gut sein. Wenn eines von ihnen (Vater oder Mutter) oder (alle) beide bei dir (im Haus) hochbetagt geworden (und mit den Schwächen des Greisenalters behaftet) sind, dann sag nicht ›Pfui!‹ zu ihnen und fahr sie nicht an, sondern sprich ehrerbietig zu ihnen, 24 und senke für sie in Barmherzigkeit den Flügel der (Selbst)erniedrigung und sag: ›Herr! Erbarm dich ihrer (ebenso mitleidig), wie sie mich aufgezogen haben, als ich klein (und hilflos) war!‹ 25 Euer Herr weiß sehr wohl, was ihr in euch bergt. (Er erkennt) falls ihr rechtschaffen seid (euren guten Willen an, auch wenn ihr seinen Geboten nicht durchweg nachzukommen vermögt). Den Bußfertigen ist er bereit zu vergeben. 26 Und gib dem Verwandten, was ihm (von Rechts wegen) zusteht, ebenso dem Armen und dem, der unterwegs ist. Aber sei (dabei) nicht ausgesprochen verschwenderisch! 27 Diejenigen, die verschwenderisch sind, sind Brüder der Satane. Und der Satan ist seinem Herrn gegenüber undankbar. 28 Und falls du dich von ihnen abwendest (ohne ihnen etwas zu geben), indem du erwartest, dass dein Herr, wie du hoffst, sich (ihrer) erbarmen wird, dann sprich (wenigstens) begütigend zu ihnen! 29 Mach nicht, dass deine Hand (gleichsam) an deinen Hals gefesselt ist (d.h. knausere nicht mit deinen Gaben)! Aber streck sie (auch) nicht vollständig aus (indem du hemmungslos Geschenke austeilst), damit du (schließlich) nicht getadelt und (aller Mittel) entblößt dasitzt! 30 Dein Herr teilt den Unterhalt (reichlich) zu, wem er will, und begrenzt (ihn auch wieder). Er kennt und durchschaut seine Diener (d.h. die Menschen). 31 Und tötet nicht eure Kinder aus Furcht vor Verarmung! Wir bescheren ihnen und euch (den Lebensunterhalt). Sie zu töten ist eine schwere Verfehlung. 32 Und lasst euch nicht auf Unzucht ein! Das ist etwas Abscheuliches – eine üble Handlungsweise! 33 Und tötet niemand, den (zu töten) Gott verboten hat, außer wenn ihr dazu berechtigt seid! Wenn einer zu Unrecht getötet wird, geben wir seinem nächsten Verwandten Vollmacht (zur Rache). Er soll (aber) dann im Töten nicht maßlos sein. Ihm wird ja (beim Vollzug der Rache) geholfen. 34 Und tastet das Vermögen der Waise nicht an, es sei denn auf die (denkbar) beste Art! (Lasst ihr Vermögen unangetastet) bis sie volljährig geworden ist (und selber darüber verfügen darf)! Und erfüllt die Verpflichtung (die ihr eingeht)! Nach der Verpflichtung wird (dereinst) gefragt. 35 Und gebt, wenn ihr zumesst, volles Maß und wägt mit der richtigen Waage! So ist es am besten (für euch) und nimmt am ehesten einen guten Ausgang. 36 Und geh nicht einer Sache nach, von der du kein Wissen hast! Gehör, Gesicht und Verstand – für all das wird (dereinst) Rechenschaft verlangt. 37 Und schreite nicht ausgelassen (und überheblich) auf der Erde einher! Du kannst (ja) weder ein Loch in die Erde machen noch die Berge an Höhe erreichen. 38 Jedes derartige schlechte Verhalten ist deinem Herrn zuwider. 39 Das ist (etwas) von dem, was dein Herr dir an Weisheit eingegeben hat.

Über den Verfasser

Reiner Jungnitsch, Jahrgang 1954, ist seit über 30 Jahren hauptamtlicher Religionslehrer an einer hessischen Berufsschule. Langjährige Tätigkeit in der Lehrerfortbildung. Lehrauftrag an der TU Darmstadt.

Bei Book on Demand sind vom gleichen Autor ebenfalls erschienen:

Sie wollen also Religion unterrichten?!
Kleine Orientierung für Berufseinsteiger
Reiner Jungnitsch
Paperback, 116 Seiten
ISBN-13: 9783746031682
6,90 €

Religion unterrichten, wie geht das? Wie kann man mit jungen Leuten über Glaubensinhalte ins Gespräch kommen, obwohl die meisten von ihnen kaum noch Kontakt zur Kirche haben?

Dieses kleine Buch will denen, die sich auf die Schulpraxis vorbereiten oder bereits die ersten Schritte als ReligionslehrerIn machen, ein wenig Orientierung und Ermutigung bieten.

Bestellung:
https://www.bod.de/buchshop/sie-wollen-also-religion-unterrichteno-reiner-jungnitsch-9783746031682

Hinwege zum Glauben

Ein Arbeits- und Orientierungsbuch für den Religionsunterricht in der Sekundarstufe II
Reiner Jungnitsch
Ringbuch, DIN-A-4,
136 Seiten
ISBN-13: 9783748149149
18,90 €

Selbst bei den vermeintlich christlichen Schülern kann schon lange keine nachhaltige religiöse Sozialisation mehr vorausgesetzt werden.
Ein religiöser Analphabetismus bestimmt weithin die Szene. Das bleibt nicht ohne Folgen für das Selbstverständnis und vor allem für die unterrichtliche Gestaltung des Faches. Wie lässt sich in diesem Kontext angemessen über die Themen der Religion reden?
Die nachfolgenden Unterrichtsskizzen behandeln fünf klassische Themenbereiche des Religionsunterrichts, die aber oft nicht so einfach zum Thema zu machen sind, weil diese Inhalte in den Köpfen der jungen Leute auf vielerlei Vorurteile, Klischees und Missverständnisse treffen. Da gilt es, kleine Umwege zu nehmen, um zum Ziel zu gelangen.

Bestellung:
https://www.bod.de/buchshop/hinwege-zum-glauben-reiner-jungnitsch-9783748149149